南《は》風《え》原《ばる》事件 DNA鑑定と新しい冤罪

木谷明｜佐藤博史｜岡島実

現代人文社

まえがき

本書の主題である南風原事件は、現在（２０１３年10月）、控訴審が進行中の事件である。そのような時期に本書を公にするのは、２つの理由がある。

第１に、同事件が、「究極の域に達した」とも称されるＤＮＡ鑑定の危険性を典型的に示す事件であることである。ＤＮＡ鑑定の技術が進歩することと、冤罪や誤判の危険性が少なくなることとは、別の事柄である。いかに技術が進歩しようとも、技術を扱うのは人間であり、人間が過ちを犯す危険性は技術の進歩によってさえなくすことはできない。むしろ、技術の進歩ゆえに、それに対する過信、誤操作、作為への新たな誘惑といった、新たな過誤の危険性を生ずるともいえる。そして、冤罪や誤判の危険性は、そのような人間が引き起こす過誤（ヒューマンエラー）の中に存在するのであって、技術の進歩自体がそれを補うことはできない（佐藤博史「足利事件からみた科学的証拠に関する司法研究」

季刊刑事弁護76号）。南風原事件は、そのことに対して、大きな警鐘を鳴らすものである。それゆえ、一日も早く、同事件が明らかにしたＤＮＡ鑑定の危険性について、世の共通認識にする必要があると考えたのである。

第2に、同事件が、冤罪の疑いの極めて強い事件であることである。本件についてのあらゆる証拠が、被告人とされた赤嶺武さんの犯人性に疑いを抱かせている。にもかかわらず、第1審裁判所が証拠を直視しえなかったのは、まさに「技術の進歩」の迷信に囚われた結果ではないか。無実の人を一刻も早くあらぬ疑いから解放したいと思うことは、弁護人だけでなく、裁判所、検察、警察に共通する思いであることを切に願う。「刑事裁判で一番大切なことは無辜を処罰しないこと」（木谷明『刑事裁判のいのち』法律文化社）なのだから。そのような思いを、多くの読者と共有したい。本書を、弁護士や研究者だけでなく、裁判員に選ばれた、またこれから選ばれるかも知れないすべての方々に、そして、裁判所、検察、警察関係者の方々に読んでいただきたい。

＊

本書は、執筆者だけの力で成ったものではない。岩井信、立石雅彦両弁護士には第1審判決直後より弁護団に加わっていただき大変心強かった。土井和哉、小幡歩、村上詩織の各弁護士にも、弁護団として尽力してきていただいている。また、現代人文社成澤壽信社長の、一般にはまだ知られていない刑事事件を題材とする本を出版する英断がなければ、本書が日の目を見ることはなかっただろう。

2013年10月

岡島　実

沖縄県の中南部（地図）
読谷村
うるま市
嘉手納町
沖縄市
北谷町
北中城村
宜野湾市
中城村
浦添市
西原町
那覇市
与那原町
南風原町
豊見城市
南城市
糸満市
八重瀬町

＊本書で、判決文等を引用した場合、筆者の加筆部分は〔 〕で表記した。
＊判決文中の氏名は、本文中に実名で登場する人物以外は、匿名とした。

19日　赤嶺さん保釈。

3月31日　第1回公判前整理手続。この後、2011年8月11日まで19回にわたって公判前整理手続が行われる。

7月3日　現場検証（弁護団が申請した証拠保全手続。防犯カメラの設置場所等を確認。）

2011（平成23）年

4月14日　検察官、赤嶺さんの「自白調書」２通の証拠調べ請求を撤回。

8月11日　公判前整理手続終結。

23日　第1審第1回公判。

9月8日　被告人質問。第1審証拠調べ終了。

9日　論告・弁論。検察官の求刑は懲役12年。

16日　第1審判決。懲役8年。赤嶺さん勾留、即日控訴と保釈請求。

17日　那覇地裁、保釈請求を却下。福岡高裁那覇支部に抗告。

21日　福岡高裁那覇支部、抗告を棄却。

2012（平成24）年

5月31日　控訴趣意書提出。

6月8日　控訴趣意補充書提出（木谷明弁護人作成）。

7月2日　福岡高裁那覇支部に第2次保釈請求。

11日　控訴趣意補充書（2）提出。

19日　福岡高裁那覇支部、保釈請求を却下。

23日　福岡高裁（本庁）に異議申立て。

30日　福岡高裁（本庁）、那覇支部の決定取消し、保釈許可。

10月31日　検察官、答弁書提出。

12月14日　答弁書に対する反論書提出。

◎事件の経過一覧

2009（平成21）年

4月16日　午前10時8分～21分ころ　事件発生。

6月10日　午前11時ころ　赤嶺さん、与那原警察署に任意同行。
午後6時ころ　赤嶺さん、捜査員が作成した「自白調書」に署名。

11日　午前0時45分　赤嶺さん逮捕。
午後0時ころ　岡島実弁護人、赤嶺さんと初回の接見。
午後6時45分～8時30分ころ　警察が赤嶺さんの自宅を捜索。白色上衣を発見、押収。
午後9時45分ころ　岡島弁護人、赤嶺さんと2回目の接見。

12日　午後0時ころ　検察官、赤嶺さんの弁解録取。赤嶺さん、事件への関与を否認。
午後5時ころ　捜査員が白色上衣を科捜研に搬入。
午後6時ころ　岡島弁護人、赤嶺さんと3回目の接見。

15日　午前9時ころ　科捜研職員、上衣の鑑定を開始。

29日　上衣の鑑定が終了。

30日　午後4時ころ　検察官、赤嶺さんに「上衣から被害者の唾液が出た。岡島弁護人と相談してから回答してほしい。」と告げる。
午後4時15分ころ　岡島弁護人、赤嶺さんと接見。
午後5時ころ　赤嶺さん、検察官に「唾液が出たというなら押収後に付いたのだと思う」と答える。

7月2日　赤嶺さん、処分保留で釈放。

2010（平成22）年

1月25日　検察が赤嶺さんの自宅などを捜索。

2月17日　赤嶺さん起訴（建造物侵入、強盗致傷）。同日勾留。

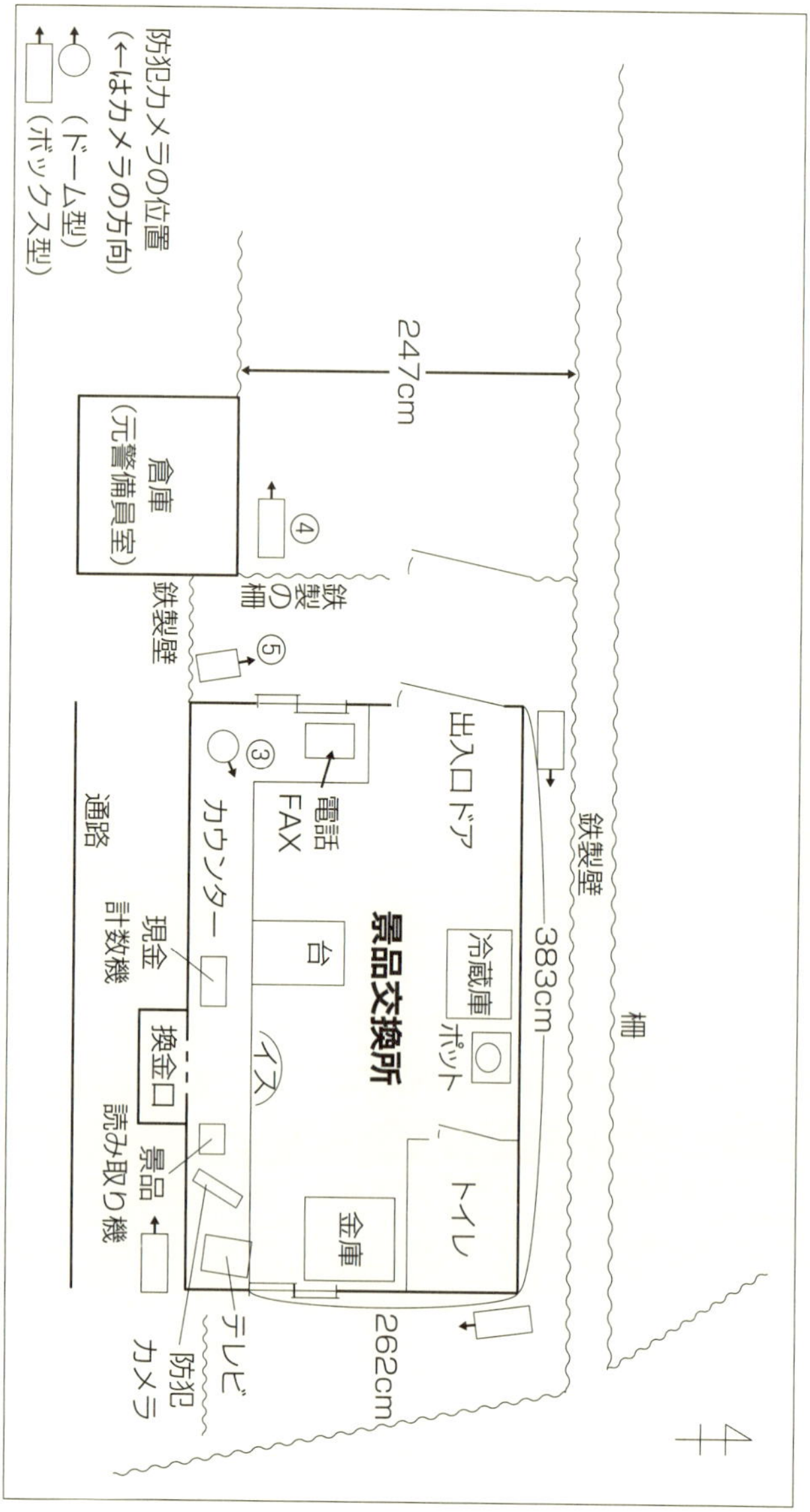
現場見取図
防犯カメラの位置
(←はカメラの方向)
(ドーム型)
(ボックス型)
247cm
倉庫
(元警備員室)
④
鉄製の柵
鉄製壁
⑤
③
出入口ドア
電話
FAX
カウンター
景品交換所
台
冷蔵庫
ポット
イス
トイレ
金庫
383cm
鉄製壁
柵
通路
現金
計数機
換金口
景品
読み取り機
テレビ
防犯
カメラ
262cm

第1部
南風原事件とはどのような事件か

岡島　実

第1章

南風原事件の経過

1　事件発生

沖縄県の地元紙は、2009（平成21）年4月16日に発生した強盗致傷事件について、次のように報じている。

16日午前10時15分ころ、南風原町字宮平《はえばるちょうあざみやひら》のパチンコ店裏手にある開店前の景品交換所に男が押し入り、拳銃のようなもので交換所の女性従業員（54）を脅して金庫から現金約600万円を奪って逃走した。従業員は男が押し入った際、腕にかすり傷を負った。与那原《よなばる》署は、強盗致傷事件として男の行方を追っている。

同署の調べでは、周辺の掃除をして交換所に戻ろうとした女性従業員に、男が拳銃のようなものを突き付けて押し入り、金庫を開けさせて現金を奪ったという。捜査関係者によると、男は従業員をテープで縛るなどして逃走した。テープをほどいた従業員が、自ら110番通報した。

同署によると、男は40～50歳代で、身長160センチ位のやせ形。白い長袖の上着と紺色のズボン、白いマスクと黒っぽい野球帽を着用していた。

パチンコ店は交通量が多い国道329号沿いにある。景品交換所はパチンコ店の裏手約20メートルの駐車場内にあり、人目に付きにくい場所になっている。

パチンコ店側の説明では、同日は午前9時開業。別会社が運営する景品交換所は事件当時、午前11時の開店に向け準備中だったという。同署は、準備の時間帯を狙った可能性もあるとみて、交換所に設置された監視カメラに写った画像データを解析するなどして、男の特定を急ぐ。（沖縄タイムス2009年4月17日版）

事件から約2か月経った6月11日未明、同じ町内に住む赤嶺武さん（当時50歳）が、この事件の容疑で与那原《よなばる》署に逮捕された。赤嶺さんは、翌2010（平成22）年2月17日、被告人として起訴されることになる。それが南風原《はえばる》事件と呼ばれる冤罪事件である。

2　事件の受任

２００９年6月11日午前中、私は沖縄弁護士会で有料法律相談を担当していたところ、事務局から急ぎの相談申込があるとの連絡があり、正午前に相談を受けることにした。

相談に訪れた赤嶺武さんの妻、妙子さんは、今朝のテレビで夫が逮捕されたというニュースを見たが、映像に映っている犯人は夫と体型も髪型も違う、何かの間違いと思うからすぐに夫に会ってもらえないか、と訴えた。

私は、それが事実なら事は重大なのですみやかに接見する必要があると考え、一旦事務所に戻り事務所をサポートしている水島桃子に伝えると、ただちに赤嶺さんが勾留されている与那原署に向かい赤嶺武さんに接見した。

接見室で赤嶺さんに面会した私は、奥さんがテレビを見てあなたが犯人とは思えないと言っているが本当はどうなのか、と尋ねた。

赤嶺さんはこわばった顔を一瞬挙げて何か言いたそうにしたが、すぐに顔を下げ、「もういい

報　　　　　　第3種郵便物認可

女性1人がけがを負った事件現場で鑑識活動をする県警職員ら
＝16日午前11時10分ごろ、南風原町

交換所から600万強奪

「拳銃」で脅し、男逃走

南風原・遊技場

十六日午前十時二十五分ごろ、南[illegible]
遊技場に隣接する[illegible]

色のズボンを着ていた。犯行時に白いマスクをしていたが、逃げる際にマスクを外しながら逃走したという。

逃走経路や逃走手段は明らかになっていないが、午前十時ごろに、駐車場内を猛スピードで走り去る車両を目撃して[illegible]

い」とこわばった表情で鑑識活動を見守っていた。

県警は正午すぎに県民向けのメール配信サービス「安心ゆいメール」で逃走中の犯人の特徴を知らせ、注意と情報提供を呼び掛けた。

った。南風原小学校は午[illegible]中に保護者へ注意喚起と[illegible]童の迎えを依頼するメー[illegible]を送信。授業終了までに[illegible]べての保護者に連絡し、[illegible]育館に児童を集め[illegible]

宅した。6年生と4年生の姉妹を出迎えた30代の母親は、放送と学校からの電話で事件を知った。「拳銃を持っているという話もあり、何かあっては、と迎えに来た。家に子どもを一人で置いておくのも怖い」とおびえた表情だった。

第3種郵便物認可

南風原強盗致傷

拳銃情報 緊張走る

下校児童に親ら同伴

600万円を奪う強盗致傷事件が発生した南風原町宮平のパチンコ景品交換所の周辺は16日、容疑者が拳銃のようなものを所持していたとの情報もあり、小学校では同伴下校を保護者に求めるなど、付近住民に緊張が走った。与那原署によると、犯人に結びつく有力な目撃情報はまだないという。（1面参照）

[illegible]景品交[illegible]た」と不安顔。よく店を訪[illegible]というパチンコ店勤務[illegible]

[illegible]るかも知れない。早く捕まえてほしい」と、鑑識作業を見つめていた。

[illegible]前から店の駐車場出口近で、同僚数人と歩道の整備工事をしていた30代男性は「警察が『こんな種類の車を見てないか』と尋ねて回っていた。まったく気づかなかった」と話した。

現場から約700メートルにある南風原小学校では、保護者らが次々と訪れ、車や徒歩で児童らと寄り添って帰

男児に熱湯 元職員逮捕

秋田の県自立施設

秋田県警仙北署は十六日、児童自立支援施設で[illegible]

裁判官、被[illegible]

漫画本を万引した[illegible]とに問われた男性[illegible]で、岐阜地裁の男[illegible]省の態度を示さな[illegible]

事件発生時の報道

です」と言った。私はその様子に違和感を憶え、もういいとはどういうことか、あなたはやったのか、やってないのか、と重ねて尋ねた。すると赤嶺さんは、「もうサインしちゃいましたから」と答えた。その答えもまた違和感を感じさせるものであったので、私はさらに、意味が分からない、どういうことか、やったのか、やってないのか、と尋ねた。しかし赤嶺さんは顔を伏せたまま黙りこくった。

私は釈然としない思いを抱えながらもそれ以上の聴取は不可能と判断し与那原署を出た。駐車場で待機していた赤嶺さんの妻に事の顛末を伝えた上、よく分からないがやってないようにも思われる、何かあればまた連絡を、と話し、携帯電話の番号を教えた。

その夜午後9時過ぎころ、私の携帯電話に赤嶺さんの妻から着信があった。電話をすると、「何度もニュースの映像を見たが絶対に夫とは違う。何かの間違いだと思うから、今からもう一度会っていただけませんか」と訴えた。私は無茶なことを言うなと思ったが、昼に接見した際の赤嶺さんの態度が気になっていたので与那原署に向かうことにした。

私は接見室で赤嶺さんに会い、本当のところはどうか、やっていないのならやっていないと言ってくれ、今ならまだ間に合うから、と強い口調で訴えた。赤嶺さんは静かに顔を挙げて、「明日まで待って下さい。明日検事の調べがあるから、そこで本当のことを言います」と話した。

3　否認

翌12日夕方、私は与那原署で3度目の接見を行った。赤嶺さんは、「検事にやっていないと言いました」と話した。私は安堵した。たとえ虚偽であろうと本人が「自白」をしたままでは有効な弁護はできない。裁判所も、いかにそれが不自然でも「自白」があれば簡単に信用してしまうことは幾多の裁判例が教えている。虚偽の自白を絶対にしないことは冤罪から逃れる大切な第一歩だ。赤嶺さんは、アクリル板の向こうで涙を流した。

私は赤嶺さんの弁護人を受任した。私は、赤嶺さんがこの後も引き続き黙秘を続けることができるのであれば無実である可能性は高いと考えた。併せて、不在中のフォローを頼むべく、儀部和歌子弁護士に共同受任を呼びかけ承諾を得た。

4　取調べの状況

本稿執筆にあたり、当時のことをあらためて赤嶺さんに確認した。赤嶺さんによると、それまでの人生で、弁護士に相談したことも警察官の取調べを受けたこともなかったという。それゆえ、任意同行のときは、私服で自宅に訪ねてきた警察官たちの「ちょっと話を聞きたい」という言葉を無防備なまま受け入れ、警察官一人が運転しもう一人が赤嶺さんの傍らに座る乗用車に何の件かも知らされぬまま同乗した。事件のあったパチンコ店を過ぎた辺りでおもむろに本件のことを切り出されたが、そんな事件があったことすら忘れていた赤嶺さんは、何もわからないから話すことはない、車を停めてほしい、帰るから、と話したけれども聞いてもらえなかった。そして、与那原署に着くと、運転していた警察官が車を降りて後部ドア前に立ち、もう一人の警察官と共に、降車した赤嶺さんの両脇を挟み込むように掴み、身動きできない状態で拘束されたという。なぜこんなことをするのかと思ったが、この後自分の身に起きることはまったく想像できずにされるがままにしていた。その後連れて行かれた取調室では一貫して犯人と決めつけられて怒鳴られ、本当のことをいくら言っても聞いてもらえぬ一方で、「早く本当のことを言って楽になれ。証拠もあるんだぞ」と追い詰められたという。その上、サラ金業者からの借金などまで調査されていたことを知った赤嶺さんは精神的に参ってしまった。後日談だが、サラ金業者への債務を釈放後精算したところ多額の過払いになっていてむしろお金が戻ってきたのであるが、勾留中の赤嶺さんは過払いになっていたことを知らなかった。

会　2版　2009年（平成21年）6月11日　木曜日　沖縄タイ

600万円強盗 男逮捕

南風原町の景品交換所　容疑で与那原署

南風原町宮平のパチンコ店の景品交換所の強盗事件で、与那原署は11日午前0時45分、南風原町兼城の無職赤嶺武容疑

容疑者は従業員をテープで縛るなどしたという。

強い雨の中、家路を急ぐ人々＝11日午後5時すぎ、那覇市のパレットくもじ前

景品所強盗50歳男逮捕

拳銃は「偽物」

容疑で与那原署

与那原署は11日、景品買取所に押し入って従業員にけがを負わせ、現金約600万円を奪ったとして、強盗致傷容疑で南風原町兼城の無職赤嶺武容疑者(50)を逮捕した。赤嶺容疑者は大筋で容疑を認めているという。

動機や凶器などについて捜査を進めている。

逮捕容疑は4月16日午前10時15分ごろ、赤嶺容疑者が南風原町宮平の遊技場に隣接する景品買取所に拳銃のようなものを持って押し入り、従業員の女性を転倒させてけがを負わせ、買取所内の金庫から現金を強奪した疑い。

らが聞き込みを続けるなどした結果、特徴が似ている赤嶺容疑者が浮上。10日午前から同容疑者から任意で事情を聴いたところ、犯行を認めたという。

語らねば、今こそ　～戦後64年の証言

赤嶺さん逮捕時の報道

（本当のことを言わないと）という意志が途切れたところで事実に反した供述調書にサインしてしまった赤嶺さんには、翌日未明、逮捕状が出てしまった。逮捕から半日後の最初の接見の際、赤嶺さんは、（もうだめだ）と思い込み、家族のことも考えられず、投げやりな言動になっていたと思うと語る。しかし、私がその日の晩に再度接見に行き、今ならばまだ間に合うと言葉をかけた上、家族が

赤嶺さんを信じている様子なども伝えたことから、警察官が聞いてくれなくても検事なら本当のことをわかってくれるかも知れないと感じられるようになったという。また、高校在学中の二男が学校で後ろめたい気持ちになってはならないという思いが湧き起こったという。

5 処分保留で釈放

私は儀部弁護士と交替で連日の接見を続けた。20日間の勾留満期が近づいた6月30日夕方、那覇地検から私に電話があった。赤嶺さんが会いたがっているので地検で接見してほしいとのことであった。地検からこのような連絡を受けることはあまり経験がなく嫌な予感がした。地検の接見室に行くと赤嶺さんがこわばった表情で待っていた。赤嶺さんは、三井田守検事とのやり取りについて、後に次のように語っている。

取調べをしている中で、検事は、自分の身の上話を始めました。両親は、確か駄菓子屋をしていて貧しかったこと。中学の時は成績も悪かったが、高校に入って大学に行きたいと思うようになり、両親に話をしたら、許してくれたこと。貧しい中で大学進学を承諾してくれた両親の期待に応えなければと思って懸命に勉強して最難関大学に合格、さらに勉強して検事にまでなったこと……。

私は、検事の話を聞いてとても感動しました。検事の思いは、自分が今まで親や兄弟に対して思っていたことと同じだと思い、自分の考えは間違っていなかったんだと思えました。

数日して、検事から、「あなたの上着から、被害者の唾液が出ている」と言われました。私はそれを聞いて、そこまでして自分を犯人にしたいのかと本当に怖くなりました。しかし、怒りも湧いてきました。

検事は3つの選択肢を示して、そのどれかだろうと言いました。

人に貸したのか。

あなたがやったのか。

押収後に付いたのか。

検事はそれから、「今のことは、弁護士さんとよく相談してから答えてほしい」と言って、別の用事のために出ていきました。私は岡島先生に連絡をとってほしいと頼みました。

先生と面会すると、「本当にやっていないか」と何度も聞かれました。私はやっていないと答えました。すると先生は、「ならば、何年かかっても助けてやるから、本当のことを言いなさい」と力強く言ってくれました。

私は、その言葉を聞いて、本当のことだけを言おうと思えました。

赤嶺さんは検事の問いかけに対し、自分はやっていない。唾液が出たのなら、人にも貸してないから押収後に付いたと思うと答えた。7月2日、赤嶺さんは処分保留のまま釈放された。

白色上衣のDNA鑑定の結果をもってなお、7月2日に起訴できなかったのは、三井田守検事が赤嶺さんと真摯に向き合った結果、赤嶺さんに無実の心証を持ったからではないか。三井田検事による6月30日付検面調書は、被疑者に黙秘権があることや取調べの任意性について刑事が説明しなかったことについても言及しており、無実の心証を強く裏付ける内容である。そしてその後、赤嶺さんと犯行を結び付ける証拠は何も見つかっていない。その事実こそ、本件の真相を明らかに物語っているのである。

6　家宅捜索

釈放後、何事もないまま2009年が暮れた。赤嶺さんの無実を信じていた私は、地検はほとぼりが冷めるのを待って不起訴にするつもりだろうと思っていた。

ところが明けて2010年1月25日、地検が赤嶺さん宅ほか数か所を急襲し、家宅捜索を行った。ちょうどその日私は、赤嶺さんから持ち込まれていた別件の民事事件について打合せを予定していたが、予定時刻になっても事務所に来ないので携帯に発信したが連絡がつかない。何度も発信を繰り返し、ようやくつながった。赤嶺さんの妻から聞いたのは、「地検がいま家宅捜索をやっている」という驚くべき報せであった。私は急ぎ赤嶺さん宅に向かった。そこでは地検が10名近い体制で、まさに捜索の最中であった。私が赤嶺さん宅に入ろうとすると、指揮を執っていた水野佑樹検事に制止された。捜索の執行中なので立ち入りは許さないという。私は赤嶺さんの妻との面会を求めた。水野検事は、捜索立ち会い中なのでそれもできないという。私は水野検事に対し、「身柄は拘束できないでしょう。手続は適法にやった方がいいですよ」と話した。そして赤嶺さん宅内に入ろうとしたが、再度制止された。そこで敷地外から大声で赤嶺さんの妻を呼んで事情を聞き、彼女には立ち会いを続けさせた上、私は捜索終了まで赤嶺さん宅付近で待機することにした。捜索が終了したのは夕方近くであった。

捜索は、赤嶺さん宅のほか、赤嶺さんの姉信子さん宅、赤嶺さんがその日職場に乗用していった軽自動車、知人方に対しても行われていた。しかし赤嶺さん宅以外からは、何も押収されなかった。赤嶺さん宅からは、家族のパソコン、携帯電話、メモ類など１５１点が押収された。その中には、赤嶺さんの勾留中に妻がアリバイを調査して書き留めたメモや、私と打合せをしたメモやパソコンのデータなどが多数含まれていた。

この地検の手法は実にアンフェアである。弁護人と被疑者の家族との打合せの内容は秘密交通権の延長である。２００９年7月2日の釈放後は赤嶺さんと事件について打合せをしていないが、仮に打合せをしており、そのメモなどがあれば実質的には秘密交通権の侵害である。

しかし一方で私は、これで地検は諦めるだろうと思った。赤嶺さんが無実である以上当然であるが、押収されたメモ類には本当のアリバイしか書き留められておらず、事件への関与を窺わせるような物はそもそも皆無だったからである。

7 起訴

私は、主任の三井田検事と数度に及ぶ話し合いを行った。私が、「確かなアリバイもあり不起訴にすべき事案と思うが」と述べると、三井田検事は、「高等検察庁と協議する案件なので自分の一存では決められない。証拠については慎重に検討したい」と述べた。私がさらに、「起訴不起訴の判断権限は担当検察官であるあなたにあるのでしょう。あなたが高検を説得すればよいことでは」と述べた。三井田検事はこれに対して、「私は組織の中のしがない一検事ですから」と答えた。

2月15日、出張中であった私に、三井田検事から電話があり、「明日赤嶺さんから話を聞いた上で事件の処理をしたい」と話した。私は、「明日は帰れない。明後日にしてほしい」と述べた。検事ははじめ言葉を濁したが、結局2月17日午後6時ころ赤嶺さんを同行して地検に赴くことになった。地検ではまず三井田検事が赤嶺さんの聴取を求め、われわれに対しては聴取の間別室での待機を求めた。検事の要望に承知はできなかったが、協力はすることにした。赤嶺さんの聴取は小一時間に及んだ。終了後、私と儀部弁護士が検事室に呼ばれ、三井田検事と正対する形で着席した。三井田検事は大型のマスクをかけていた。着席すると、彼は斜めの方向を見て、早口の小声で何か言った。何も聞き取れなかったが、異様な雰囲気から検事が言ったことの察しはついた。私が「何と言いましたか」と尋ねると、今度ははっきりした声で、「赤嶺さんを、本日この時刻、建造物侵入、強盗致傷の罪で起訴します。これから起訴後勾留の手続を執りますので裁判所まで同行願いたい」と述べた。

私は、「本人と話がしたいので、15分だけ時間をいただきたい」と述べ、検事の了解を得た。

待合室で赤嶺さんに正対した。私は、「検察官は不当にもあなたを起訴したそうです。今からあなたを拘置所に入れるということです。少し修行だと思って入っていて下さい。前にも言ったように何年かかっても助けるから」と話した。

次いで三井田検事に会った。私は、「あなた、無実の人を有罪の危険に曝すことがどれ程重大な問題か分かっていますか」と言った。彼は顔を背け、「見解の相違だと思います」と言った。事務官が、「これから庁用車で裁判所までお送りします」と言った。地検と裁判所は隣接しており徒歩3分である。私は、歩いて行く、と答えた。裁判所までの道中、私は赤嶺さんの肩に手をかけ励まし続けた。赤嶺さんは、何が何だか分からないと言いたげな困惑したような表情のままだった。

勾留手続の終了後、私は所外へ出ると、ただちに知り合いの新聞記者に、赤嶺さんが起訴されたので事務所で記者会見を開く旨伝えた。開始時間は午後9時15分と遅かったが、検察に対抗する記者会見を開かなければ翌日の報道は検察の主張一色で埋まってしまうと考えたからである。

2月19日、赤嶺さんは、姉の信子さんが準備した保釈金により釈放された。保釈決定に対して検察は準抗告したが、那覇地裁は準抗告を棄却した。

第2章

公判前整理手続の経過

1　1年4か月余りに及んだ公判前整理手続

私は弁護団に新たに稲山聖哲弁護士を迎え、弁護人3名で本件起訴後の手続に臨むことにした。

南風原事件の公判前整理手続は、2010年3月31日の第1回期日から、2011年8月11日の第19回期日まで、1年4か月余りに及んだ。その間、起訴状の送達に始まり、検察官の証明予定事実の提示、証拠調べ請求、弁護人による証拠開示手続を通した検察官手持ち証拠の開示、弁護人の予定主張の提示と証拠調べ請求等が行われ、争点と公判で取調べる証拠の範囲を決める。ここでその間のやり取りの詳細に触れるのは煩雑となるので、公判前整理手続を通して明らかにされた双方の主張と主な証拠のほか、とくに注目すべき事柄に触れておくことにする。

2　公訴事実と検察官の主張

本件の公訴事実は以下のようである（ルビは引用者）。

被告人は、金員強取の目的で、２００９年４月16日午前10時８分ころ、沖縄県島尻郡《しまじりぐん》南風原《はえばる》町《ちょう》字《あざ》宮平《みやひら》○番地ア南風原店敷地内の有限会社イ代表取締役Aが看取する景品買取所に従業員通用口から侵入した上、そのころから同日午前10時21分ころまでの間、同所において、前記景品買取所従業員B（54歳）に対し、回転弾倉式けん銃様の物１丁を突き付けながら、「アキレー、アキレー。ヘーク、ヘーク（「開けろ、開けろ。早く、早く。」の意）。」などと申し向けて脅迫するとともに、所携のガムテープで同人の口をふさぎ、さらに、所携の紐で同人の両手首を後ろ手に縛るなどの暴行を加え、その反抗を抑圧して同人管理に係る現金６００万円を強取し、その際、前記暴行により、同人に対し、全治約10日間を要する左前腕打撲擦過傷、左第１指第２指擦過傷等の傷害を負わせたものである。

検察官は、赤嶺さんが上記の犯行を行ったことを証明する間接事実として以下のような事実があり、その事実を立証する証拠があると主張した。

⑴　白色上衣の唾液

２００９年６月11日に赤嶺さんの自宅を捜索したところ、その1階寝室のクローゼット内から白色長袖上衣を発見押収した。その右袖口には唾液が付着しており、その唾液のＤＮＡ型は被害者ＢのＤＮＡ型と一致した。

⑵　赤色付着物

白色上衣右袖口には赤色の付着物が存在し、その赤色付着物には被害者が使用していた口紅が含まれる可能性がある。

⑶　モデルガンの空箱

赤嶺さんが使用する軽四輪自動車内からモデルガンの空箱が発見された。この商品は２００９年４月９日ころ中古用品店で販売された物で、そのモデルガンの形状は防犯カメラに映った犯人が所持するけん銃様の物と形状が類似している。

⑷　防犯カメラに映った犯人と赤嶺さんの類似性

防犯カメラに映った犯人と赤嶺さんは、耳の形態と位置、眼や眉の位置、後頭部の頭髪の位置に矛盾がなく、いずれも身長が155㎝前後の低身長であり、同一人の可能性が極めて高い。

(5)　赤嶺さんには借金があったこと

赤嶺さんには、2009年4月16日現在、合計1366万円余りの借金があり、返済が滞っていた。

(6)　犯行日後の借入金返済など

赤嶺さんは、2009年4月16日午後2時ころ、知人に請負代金55万円を支払ったほか、4月から6月にかけて、消費者金融への返済（13万円）、知人への返済等（130万円）を行った。

3　検察官が開示した証拠の問題点と弁護団の反論

弁護団は、公判前整理手続の過程で、検察官が当初証拠調べを請求した証拠33点の開示を受けて検討したことはもちろん、証拠開示の手続により検察官手持ち証拠多数の開示を受け、検討を重ねた。開示を受けた証拠は、大型のキャリーケースに収まらない程の量になった。同時に、重要な証拠である防犯カメラ映像、DNA鑑定、赤色付着物などについて、専門家に依頼して独自に調査を行った。

検討の結果、検察官の主張と証拠には次のような問題があることが明らかになった。

⑴　犯行現場には被告人の痕跡が何もない一方で第三者の痕跡が窺えること

本件における最大の問題は、現場から赤嶺さんに結び付く痕跡は何も発見されていないにも関わらず赤嶺さんが被告人とされたことである。言い換えれば、犯行現場には何の痕跡も残していない人が被告人とされたのである。

一方、防犯カメラ映像から、本件の犯人は犯行現場で被害者と激しく揉み合っていることが分かる。また、防犯カメラ映像から犯人は手袋をしているとは考えられず、犯人が現場で触れた場所や物も防犯カメラ映像によって特定可能である。したがって、犯行現場には犯人の指紋のほか、毛髪などの痕跡が遺留されていると考えるのが常識的である。そればかりか、逆に①現場で犯人の足跡痕が採取されたが、赤嶺さんが所持する靴とは一致しない、②被害者を縛ったロープからは、第三者の汗垢が検出されているなど、むしろ第三者の犯行を窺わせる痕跡が発見されているのである。

防犯カメラ映像で判明する犯行状況から考えて、犯行現場に犯人の痕跡が何も残らないということは考えがたい。したがって、現場痕跡から見る限り、犯人は赤嶺さんではなく第三者と考えるのが自然なのである。

赤嶺さん宅から押収された赤嶺さんの白色上衣

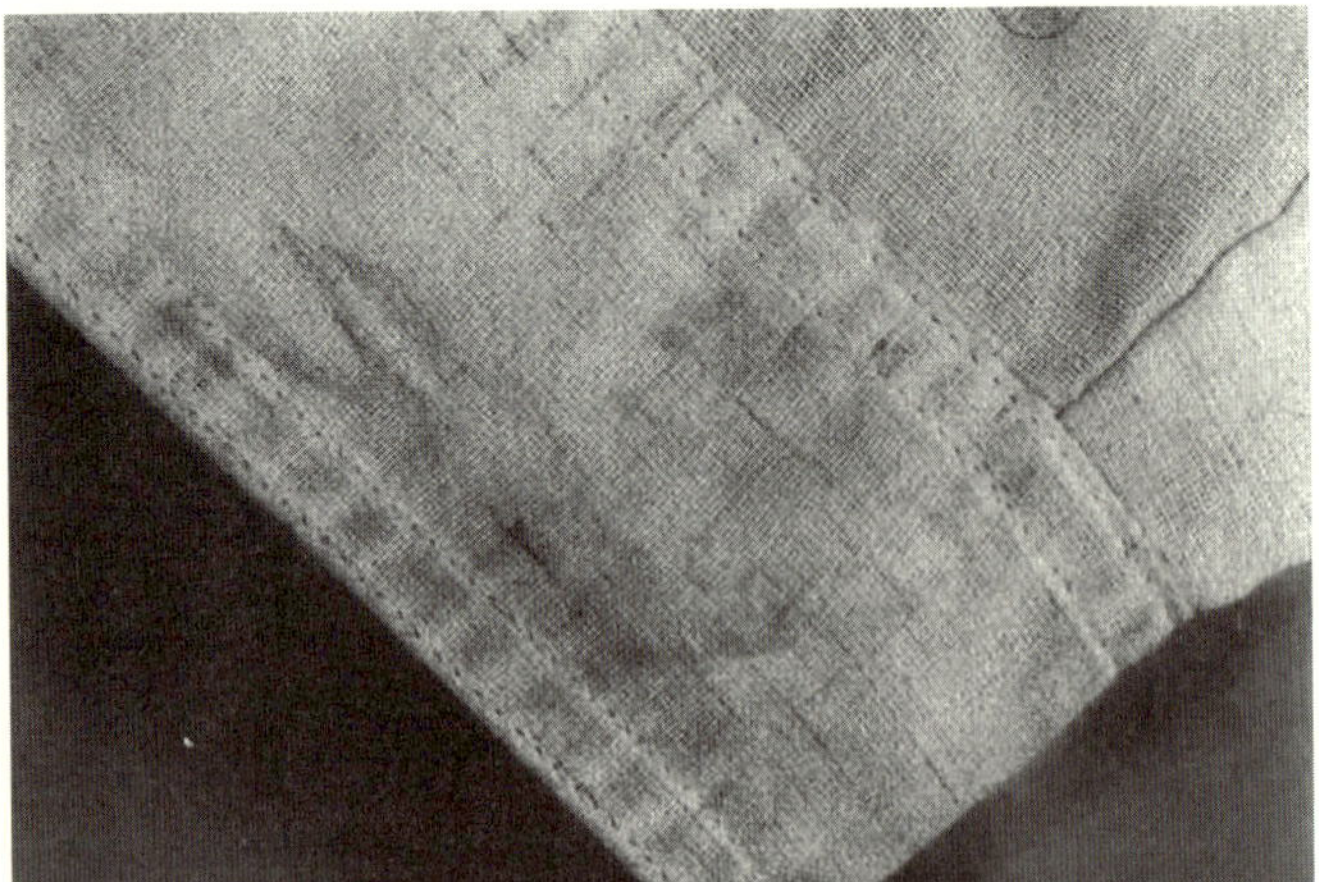

上衣の袖口の拡大

(2)　防犯カメラに映った犯人と赤嶺さんの不一致

前述の通り、防犯カメラ映像から犯行の様子がわかる。本件の最大の特徴は、3台の防犯カメラによって、犯行のほぼ一部始終が撮影されているという点にある。犯行状況が撮影された時間は、3台合計で約20分に及ぶ。犯行時間はそれより短い約13分間であり、防犯カメラは、それぞれ異なる角度から、犯人が現場に接近する場面から現場を立ち去る場面まで、漏れなく記録している。いうまでもなく、これらの映像の証拠価値は他の証拠と比べ物にならないほど高い。他の証拠はいずれも間接証拠に止まるのに対し、防犯カメラ映像は、本件犯行の実際の状況を直接記録した直接証拠である上、目撃供述などのように知覚や記憶の正確性が問題になることもない、機械的に記録された客観証拠である。そこに映った男が犯人であることは映像から明らかだから、要するに本件の争点は、その男が赤嶺さんか否かに帰着する。その意味では、本件は実に単純な事件なのである。

そして、弁護団が専門家に調査を依頼して得た結果は、防犯カメラに映った犯人と赤嶺さんとでは、身長（犯人は推定約１６０㎝、赤嶺さんは１５６㎝）、肩幅（犯人は推定約46㎝、赤嶺さんは36㎝）、耳の形が相違しており、両者は別人と考えられる、というものであった。

(3)　赤色付着物は被害者の口紅ではないこと

⑵のとおり、他の証拠とは比較を絶する重要性を有する防犯カメラ映像から別人と認定できる以上、本来であればそれ以上の論争は必要ないはずであった。しかし、防犯カメラによる立証には問題もあった。①防犯カメラの解像度が低く、全体として犯人の映像が明瞭とはいえないこと、②犯人はマスクで顔を隠しており、解像度の低さもあって、赤嶺さんとの相違が映像上一目瞭然とまではいえないこと、などである。そこにDNA鑑定というもっともらしい装いがこらされると、それに目を奪われる結果、「防犯カメラに映った犯人が赤嶺さんかどうか」という問題の本質が見えなくなるおそれがあった。そこで弁護団としては、DNA鑑定の信用性を徹底的に弾劾しておく必要があると考えた。

その詳細は次章で述べることにして、ここでは調査の過程で明らかになった重要な問題点を1点指摘しておく。

検察官は、「被害者の唾液が白色上衣右袖口から検出された」と主張している。その右袖口には赤色付着物が並行する2本の細長い筋状に付着していて、その付着物には被害者の口紅が含まれている可能性があるという。そして、被害者の唾液は2本の筋状の赤色付着物の間から検出されたというのである。つまり、犯人と被害者が揉み合った際に、被害者の口が犯人着衣の右袖口に触れて、そこに被害者の口紅と唾液が付着した、というのが検察官のストーリーであった。

検察官は、赤色付着物に被害者の口紅が含まれている可能性があるとして、警察庁付属の科学警察研究所（科警研）技官による鑑定書の証拠調べを請求していた。そこで弁護団が専門家にこの鑑定書の検討を依頼したところ、驚くべき事実が明らかになった。鑑定書では、赤色付着物と被害者から任意提出された口紅について、可視光領域の赤外分光分析を行い、その分析結果を比較している。可視光領域の分光分析によって判明するのは、対象資料の「色」である。そして、科警研技官の分析の結果からいえるのは、赤色付着物の「色」は「鮮明な赤」であるのに対し、被害者の口紅は「複雑な色調のピンク」であり、両者は「異なる色」である、ということである。

それにもかかわらず、鑑定書が「赤色付着物に被害者の口紅が含まれている可能性がある」と主張する理由は、「可視光の吸収ピークが類似しているから」というのであった。しかし、対象資料の色は、吸収パターン全体で決まるのであって、吸収ピークの類似性で決まるのではない。鑑定書の論理は明らかに非科学的なものであった。

では赤色付着物は何か。これは、「鮮明な赤」であるような物で、赤嶺さんの生活状況から付着する可能性のある物を考えることになる。赤嶺さんは、測量士の資格を持っており、土木関係の業務を行っていたから、赤の塗料（ペンキやマーキングスプレー）を日常的に扱っていた。赤色付着物を塗料であると考えれば、分析結果と矛盾がないのである。そして、これを裏付けるかのように、白色上衣には右袖口以外にも赤色付着物が点状に付着していたのである。さらに、本件白色上衣のみならず、赤嶺さんが使用している、あるいはかつて使用していた作業着には、同様の赤色付着物が付いていることも確認されている。

4 自白調書の撤回

本件の公判前整理手続においてもう1つ特筆すべき出来事として、検察官が、赤嶺さんの自白調書の証拠調べ請求を撤回したことが挙げられる。

私が初めて接見した際、赤嶺さんは、「もうサインしちゃいましたから」と話していた。そして、同日夜の2度目の接見で「明日の検事調べで本当のことを言います」と言い、検察官に対して「やっていない」と言ったのである。

赤嶺さんが「もうサインしちゃいましたから」と話した時、彼は短い2通の自白調書を作られていた。検察官は、この2通の自白調書を証拠調べ請求していた。

この自白調書は、虚偽自白調書の見本のようなものである。①赤嶺さんが与那原署に任意同行された際、捜査員らは、警察署に着くや、赤嶺さんの両脇を挟み込むように抱え、実質的に身動きできない状態で拘束した（実質逮捕）。その後、取調室に連れ込み、事実上退席が不可能な状況の下で、2人の捜査員が7時間に及ぶ監禁を行った。②捜査員らは、赤嶺さんの言葉（現実に起きたこと）に一切耳を貸さずに犯人と決めつけ、最後には「頷いているだけで良い」と言って調書を作り、「もう逃れられない」という絶望的な気持ちにさせた上で、捜査員が作文した調書にサインをさせた。③調書の内容は、防犯カメラ映像から判明する犯行状況を簡単になぞっただけのものである。④防犯カメラ映像からは窺えない供述内容として、赤嶺さんが「作業服、おもちゃのけん銃」などを近くの川に橋の上から捨てたという部分があるが、そこは、赤嶺さん自宅から500m余りとほど近く、大型スーパーが近接していて人目に付きやすい上に浅瀬であり、捨てたとしたら容易に発見されてしまうような、証拠隠滅のために捨てる場所としてはおよそ不適当な場所である。

弁護団は、2通の自白調書は実質的逮捕の違法な取調べの下で作成された捜査員の作文に過ぎず、任意性も信用性もない虚偽の調書であると主張し、公判で徹底的に争う準備を整えていた。

公判前整理手続の中で、裁判所は、検察官に対し、自白調書に関する弁護団の主張について具体的な反論をするよう再三促していた。検察官は、裁判所の要求に対して、あいまいな答えをしつつ時間稼ぎを繰り返していた。

第12回公判前整理手続期日（2011年3月30日）、業を煮やした裁判長が検察官に対し、「次回までに必ず自白調書に関する具体的な反論を提出してほしい」と強い調子で促した。これに対して検察官は、4月15日までに提出すると約束した。

そして約束期限前日の4月14日に検察官が提出してきたのは具体的な反論ではなく、その証拠調べ請求を撤回するとした書面であった。検察官は、自白調書の任意性、信用性に関して、具体的な反論は不可能と判断したのである。この1件はマスコミも注目するところとなり、那覇地検次席検事が報道陣から説明を求められた。これに対して次席検事は、「裁判員の負担を減らすため」と強弁した。

第1審で不当な判決が下された現時点に立って考えると、裁判所は、検察官による「自白調書の証拠調べ請求撤回」という事実を、あまりに軽視したというほかかない。赤嶺さんは、「自白した」とされたために逮捕され、家宅捜索が行われた。問題となった白色上衣の発見押収も、赤嶺さんの「自白」がなければ存在しなかったはずである。したがって、赤嶺さんが「自白した」とする調書は、この事件の出発点である。その出発点となる調書が、公判での証拠調べに堪えないものとして撤回されたのである。そうであれば、赤嶺さんの「自白」を契機として発見された証拠は、すべて疑わしいものと考えるべきであろう。

ところが、訴訟手続的にみると、「自白調書の証拠調べを撤回する」ということは、たんに、「自白は存在しなかったものとして審理する」ということを意味するだけである。逆に弁護団は、「自白調書の疑わしさから事件全体の疑わしさを浮き彫りにする」という道筋を奪われた結果になった。おそらくそれが、検察側の算段の1つであったろう。そして裁判所は、その検察側の算段に、何の抵抗もなく乗ってしまった。

しかし、裁判所が採用すべきであったのは、赤嶺さんの「自白調書」が公判での証拠調べに堪えないようなものであったという事実から、検察官が提出した証拠の全体を疑ってかかるという、「予断」を廃した公平な姿勢であった。

第3章

第1審公判の経過

1　審理期間4週間の裁判員裁判

南風原事件の審理には、2011年8月23日から9月16日まで、連続4週間の期間があてられた。そのうち公判期日が13期日、被告人質問の後、1日おいて論告・弁論、4日間の評議期日を経て判決公判という日程が組まれた。尋問する証人の数36人。これを3人の弁護人で対応する。しかも1人は家族の事情によって活動が制約されるに至った。相当に厳しいスケジュールである。中でも、証拠調べ終了後、中1日の休廷を挟んだだけで弁論という日程は、無理を強いるものであったと言わなければならない。弁護団は、証拠調べ終了後、弁論準備期間として1週間、最低3日間を要求したが、「裁判員の負担を考えると」1日が限度という裁判所の主張に押し切られてしまった。

事後的に考えれば、弁論の準備期間1日という裁判所の主張を受け入れたのは明らかに無理があった。この期間では証人全部の尋問を終えてからその結果を分析して弁論に反映することは不可能であり、証拠調べ終了時までに弁論の組み立てを考えておかなければならないことになる。証拠調べの結果を踏まえての弁論ではなく、予め用意した主張をするほかない。しかし公判前整理手続の時点では、証拠の内容から考えて、たとえ骨子だけの弁論になっても有罪判決はあり得ないだろうと考えたのである。この判断には、DNA鑑定神話と捜査機関に対する追従という裁判所の基本的な姿勢に対する警戒心が不足していた。

尋問を受けた証人は、被害者側2名（被害者当人、被害景品交換所の経営者）、警察官8名、科捜研（沖縄県警）職員5名、科警研（警察庁）技官2名、学者鑑定人2名（検察側、弁護側各1名）、アリバイ証人3名、その他間接証拠に関する積極、消極の証人14名という内容であった。

2　裁判所が提示した6つの争点

裁判所が提示した争点は、大きく分けて6点あった。①被害状況と被害者の目撃状況、②赤嶺さん方から押収された白色上衣から被害者とDNA型が一致する唾液が検出されたというDNA鑑定の経過と鑑定結果の信用性、③防犯カメラに映った犯人と赤嶺さんとの異同、④アリバイ、⑤赤嶺さんの軽自動車から発見されたモデルガンの空き箱の意味、⑥赤嶺さんの借金の内容など金銭関係、である。

しかし、実はこの争点設定自体に重大な誤りがある。本件で最も重要な証拠が白色上衣のDNA鑑定ではなく、防犯ビデオの映像であることは明白である。なぜならそこには犯行状況の一部始終と、至近距離から撮影された犯人の姿が収められているからである。そこに映っているのが犯行状況そのものであって、そこに映っている男が犯人であることは争いようがない。本件防犯ビデオ映像は、犯行状況と犯人の姿を機械的に記録した直接証拠であり、かつ客観証拠である。その証拠価値は本件の他の証拠とは比較にならないほど高い。本件の争点は、本来、そこに映った男が赤嶺さんかどうかに集約される。その意味で極めて単純な事件なのである。

一方、白色上衣のDNA鑑定は、もしその鑑定が正しければという前提で、「2009年6月11日以前に赤嶺さんと被害者が接触した可能性」を、あくまで示唆する間接証拠の1つに過ぎない。

しかもこのDNA鑑定には多くの問題点があった。最大の問題点は、「被害者の唾液」である。

問題となっているＤＮＡ鑑定は、犯行日から約2か月経った6月11日に赤嶺さんの自宅で押収した上衣から被害者の唾液が検出されたと主張するものである。ところが、実は「被害者の唾液」は、上衣の鑑定期間中、上衣と同時期に警察の下に保管されていた。警察は、事件が発生した4月16日に被害者から唾液を採取してＤＮＡ鑑定を行ったが、採取した唾液をその後も廃棄しないまま保管していた。ＤＮＡ鑑定の資料として唾液を採取する際には、「アプリケーターチップ」と呼ばれる、先端にスポンジの付いた大型の綿棒のような用具が使用される。チップ先端のスポンジ部分を被検者の口腔内に挿入し、それで両頬の内側（口腔内壁）を計1分間こすって、可能な限りの唾液とこれに含まれる口腔内細胞を付着させて唾液を採取するのである。ＤＮＡの検査は、そのチップからさらに「ＦＴＡカード」と呼ばれる特殊な保存紙に唾液を転写し、そのＦＴＡカードを用いて行われる。

したがって、アプリケーターチップには、被検者の唾液が豊富に残留していることになる。もちろんそれはＦＴＡカードに唾液を転写した時点で不要になるものであるし、資料の汚染や取り違いの元になるものであるから、鑑定終了後は直ちに廃棄すべき性質のものである。ＦＴＡカードの製造元が作った使用マニュアルにはアプリケーターチップを廃棄するよう明記されているし、警察庁も、各都道府県警宛てにそのような趣旨の通達を出している。ところがこの事件では、被

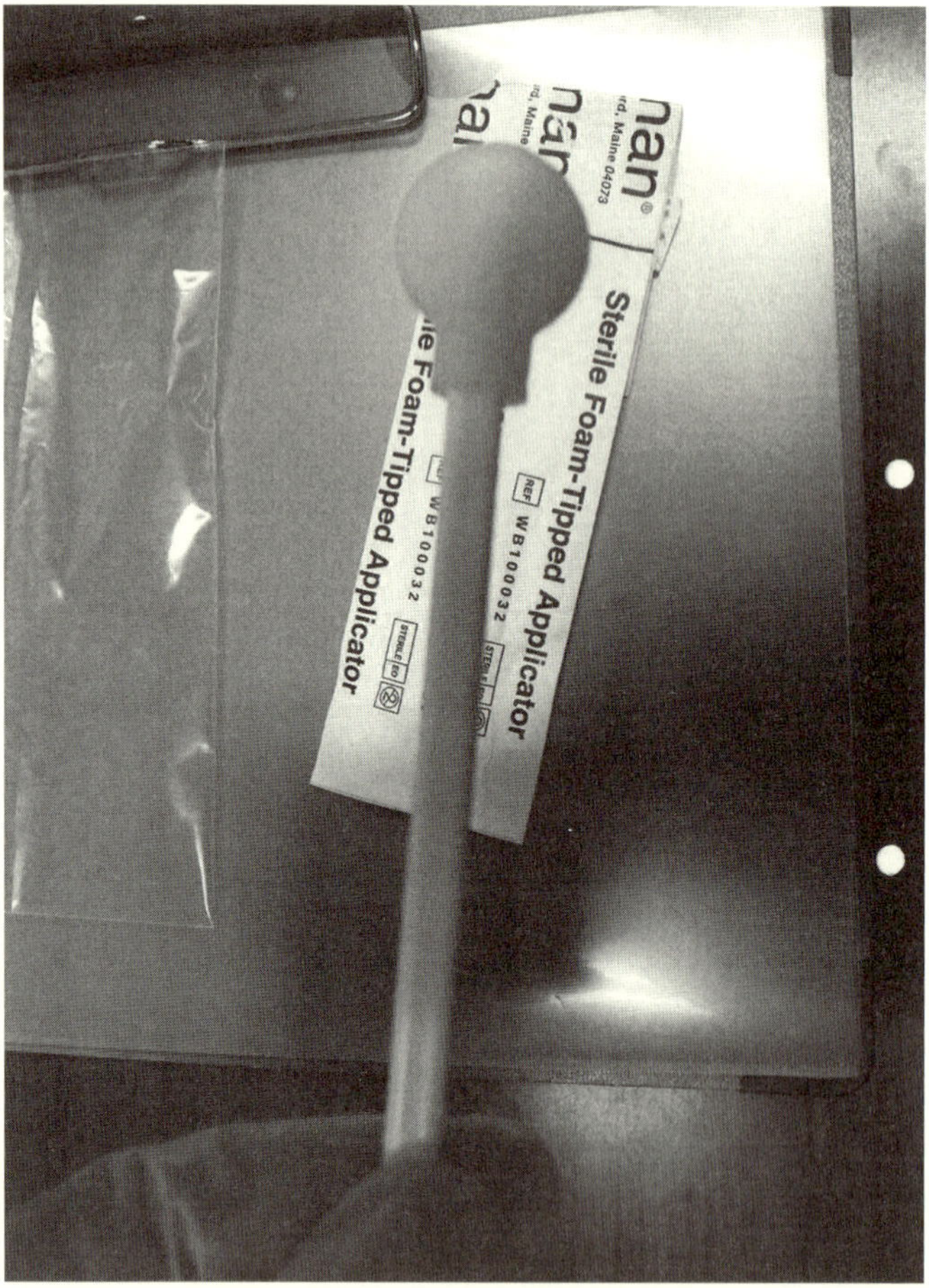
Sterile Foam-Tipped Applicator
REF
WB100032
le Foam-Tipped Applicator
WB100032

アプリケーターチップ

害者の唾液を採取したそのアプリケーターチップが、4月23日に鑑定を終了した後も廃棄されることなくそのまま警察に保管されていたのである。上衣が押収されたのは6月11日、上衣の鑑定が終了したのは6月29日である。その間、被害者の唾液が付着したアプリケーターチップは、警察の手中にあった。その事実が、上衣鑑定書の証拠価値を低めていることは言うまでもない。

上衣のDNA鑑定に関するもう1つの大きな問題点は、上衣を押収してから鑑定結果の判明に至るまでの保管状況や鑑定の経過を示す写真などの客観的資料が極めて乏しいということである。実際、DNA鑑定は、「唾液」が検出されたというのであるが、検出されたはずの「唾液」が存在することを示す資料すら、何も添付されていないものなのである。まして、上衣の保管状況や鑑定経過を示す客観的資料は、皆無に近い。

このDNA鑑定には他にも多くの問題点があったが、その内容は第2部・第5章で説明することにしよう。

弁護団は、この上衣のDNA鑑定については、早くから根本的な疑問を提起していた。もちろん弁護団の認識は、赤嶺さんは犯人でなく、赤嶺さんは被害者と接触したこともないから、上衣のDNA鑑定は、赤嶺さんと被害者の接触を示す証拠ではないというものである。上衣のDNA鑑定で検出されたという被害者の唾液の正体は、使用直後に廃棄されるべきであったものが徒らに保管されていた以上、アプリケーターチップに付着した唾液である可能性は否定できない、というのが弁護団の考えであった。そしてその疑いを払拭できるような客観的資料は存在しない。そうである以上、そもそも上衣のＤＮＡ鑑定の証拠としての許容性そのものに問題があり、上衣のＤＮＡ鑑定を本件の証拠とすることはできない。これが弁護団の主張であった。

まして、検察官が主張する、ＤＮＡ鑑定以外の証拠の証拠価値など取るに足りない。したがってそのような証拠に関する証人尋問は無意味であり、実施すべきではない、そう弁護団は主張してきたのである。

3　証拠調べに関する検察側の意見

証拠調べに関して、検察官は次のように主張した。

(1)　検察官としては、防犯ビデオ映像はあまり重視していない。ＤＮＡ鑑定が主体である。

(2)　ＤＮＡ鑑定資料である上衣の保管状況や鑑定経過を記録した客観的資料は存在しない。その点については押収にあたった警察官や鑑定した科捜研職員の証言で立証する。

(3)　ＤＮＡ鑑定について一般的な説明をするため、科警研技官にも証言させたい。

(4) その他、モデルガンの空き箱の問題や借金の点などについても証人尋問を実施したい。

被告人＝犯人、であると決めてかかることが職務であり社会的正義を実現することである、と信じて疑わないためか、検察官の主張の意図は、防犯ビデオ映像に焦点が当たれば赤嶺さんが犯人であることに疑問が持たれることは避けられないためできるだけ防犯ビデオ映像から裁判所の目を逸らしてＤＮＡ鑑定の方に誘導し、かつ、ＤＮＡ鑑定の種々の不自然さは、警察官や科捜研職員を動員して、上衣の保管状況に何も問題はなかったと認めさせたい、というものだったであろう。さらに、ＤＮＡ鑑定の一般論をできるだけ強調することでＤＮＡ鑑定の「神話的」ともいえるほどの絶対的信用性を裁判官、裁判員に印象付け、加えて、赤嶺さんの軽自動車にモデルガンの空き箱が積まれていたことや赤嶺さんに借金があったことなどを示唆し、「被告人は怪しい」という心証を与えたいというのが検察の意図するところであったと思われる。

いうまでもなく弁護団は、検察官の立証計画にことごとく異を唱えた。本件の立証の柱は防犯ビデオ映像であるはずで、これを軽視することは考えられない。ＤＮＡ鑑定については、警察がアプリケーターチップを保管している状況の下では、上衣の保管状況や鑑定経過を記録した客観的資料もないまま、警察官などに証言させることは意味が乏しい。また、モデルガンの空き箱も、押収された2か月前に商品として購入されたという検察のストーリーとは相容れないほど、薄汚れ劣化したものである。また、犯行を想起させるものを犯人が大事に取っておくことは考え難い。そして、借金の点についてはむしろ赤嶺さんに有利な事情が多い（たとえば赤嶺さんは、親族が所有するアパートと土地が県の買収にかかっており、数千万円程度の代金の配分を受ける予定があった。この一事だけで強盗を行う動機は否定される）。このような弁護団の主張に裁判所が真摯に耳を傾ければ、検察官が求めた証人尋問のほとんどが不要となるはずであった。

4　検察に迎合した裁判所の審理計画

鈴木秀行裁判長は、はじめのうち、弁護団の主張にかなりの理解を示した。防犯ビデオ映像について立証の柱から外すことができないことは当然のこととして、モデルガンの空き箱については争点との関連性が薄いし、また、赤嶺さんには相応の資産もあるので、借金の点を重視する意味は乏しいのではないかとして、立証の必要性に疑問を呈した。たまりかねた検察官が鈴木裁判長に対し、「検察官が立証する立場にあるのだから、立証の機会を与えてもらえなければ困ります」と詰め寄ったほどであった。

裁判所の姿勢に変化を感じたのは、公判前整理手続が大詰めに近づいた2012年3月、左陪席裁判官が着任一年目で異動になった頃からであった。新任の左陪席横倉雄一郎判事補は、最初の仕事として、争点整理表なるものを作成して、検察と弁護団に配付した。私はその表を一目見て、危機感を感じた。それは、その表が検察官の主張を軸に、弁護団の反論をこれに対置させる形式のものだったからである。もちろん刑事裁判は、検察官の起訴と犯罪事実を立証しようとする立証活動がまずあり、これに対して被告人・弁護人が反論や証拠の弾劾をするという構造になっているのだから、この争点整理表は、刑事裁判の構造に沿ったものと一応はいうことができる。しかし、冤罪事件では、検察官の主張そのものが、「誤った事実」、つまりは虚構の上に組み立てられている。そして検察官は、その虚構に従って、証拠をもっともらしく配置する。本件では、その柱がDNA鑑定である。これに対する弁護団の主張は、検察官の主張に即して反論するのではなく、防犯ビデオ映像を中心に証拠を見ていくことによって、自ずから問題が明らかになる、したがって、そもそも虚構である検察官の主張を軸にして公判を組み立てるべきではない、というものであった。

弁護団は、検察官の立証計画に全面的な反対を続けた。しかし裁判所は、「検察官が立証する立場ですから」という検察官の主張に、次第に迎合していった。審理計画は、検察官の要求をほぼ全面的に受け入れる形になった。対抗上、弁護団も多くの証人を立てることになった。そのようにして出来上がったのが、4週間の審理計画であった。弁護団に残された道は、裁判所の「常識」を信じることであった。

こうして2011年8月23日の公判初日を迎えた。検察は、本件に4名の公判担当検察官を投入した。対する弁護団は実質的に弁護人2名の体制であった。数の上でも劣勢な中で、弁護団は、検察の立証を次々に崩していった。36名の証人尋問を偏見なく客観的に見れば、検察の立証は完全に崩壊していたことが分かるだろう。その詳細の説明は第2部に譲り、ここでは3点の立証上のポイントについて、その経過を紹介する。

5　浮き彫りになったDNA鑑定の問題点

上衣のDNA鑑定は、事件発生から約2か月後の2009年6月11日、赤嶺さんの自宅で押収された白色上衣右袖口から唾液が検出され、そのDNA型が被害者のそれと一致したという内容のものである。上衣は、赤嶺さんの自室クローゼット内で、畳んだ状態で発見されている。上衣のほかに、犯人の着衣や所持品とされるものは何も発見されていない。この経緯からすでに不自然さは明らかである。犯人であれば、最も目につきやすい上衣を廃棄することなく、洗濯もしないまま（唾液が検出されたということは洗濯をしていないことを意味する）クローゼット内に畳んでしまっておくなどということは考えがたい。

加えて、先に述べたように上衣の保管から鑑定に至る状況が不明であること、被害者の唾液を保管していたアプリケーターチップが同時に警察の手元に存在したことなど、押収後に警察の手元で「被害者の唾液」が、故意、過失を問わず付着する機会があったことは明らかであった。弁護団の主張は、そもそも上衣から唾液が検出されたという証拠はないし、もし検出されたというのであれば、赤嶺さんが犯人でない以上それは上衣の押収後に付着したものが検出されたとしか考えられない、というものであった。

このアプリケーターチップの保管に関して、実は弁護団はもう1つ重大な問題点に気づいていた。検察官は、4月16日に被害者の唾液の鑑定を行った科捜研職員Kの供述調書を開示していた。その調書には、Kの手元にはFTAカードしかなかったという供述が明記されていたのである。検察官の主張は、被害者の唾液（FTAカードとアプリケーターチップ）は、科捜研で厳重に保管されており、上衣の鑑定終了まで誰もこれを持ち出した記録はないから、アプリケーターチップを用いて作為をすることはあり得ない、というものであった。しかしKの調書にはアプリケーターチップが存在したという記述がない。ということは、アプリケーターチップは、科捜研ではなく警察署に置かれていたのではないか。アプリケーターチップの所在が科捜研であろうと警察署であろうと、本来使用直後に廃棄されるべきものが保管されていたということであれば、作為に用いられる危険があることは同様であるが、アプリケーターチップが警察署にあったということになれば作為の危険はより高くなるし、何より科捜研で厳重に保管していたという検察の主張が崩れることになる。

6　赤色付着物鑑定の擬装

ＤＮＡ鑑定に関するもう1つの大きな論点は、上衣の右袖口に存在した2筋の赤色付着物の問題であった。

ＤＮＡ鑑定書は、この赤色付着物がいわゆる「キスマーク」に見えたので、その間に唾液が付着していないかどうか調べたところ、唾液の反応があったとしている。検察官は、この赤色付着物に「被害者の口紅と同じ物質が含まれている可能性がある」とする鈴木真一科警研技官作成の鑑定書を提出し、犯人が現場で被害者と揉み合った際、被害者の口が犯人の着衣右袖口に触れ、口紅と同時に唾液が付着したと主張していた。

そこで弁護団は、鈴木技官の鑑定書について、微物分析と画像情報処理を専門とする小川進博士（現長崎大学大学院教授）に検討を依頼した。その結果、鈴木技官の鑑定書は、「赤色付着物に被害者の口紅と同じ物質が含まれている可能性」を示す何の科学的根拠も示されていないことが明らかになった。

鈴木技官が用いた手法は、上衣から切り出した赤色付着物の付着した繊維に電磁波（赤外線）を照射し、電磁波の吸収パターンから付着物の物質を推定する赤外分光スペクトル分析と呼ばれる手法であった。通常、赤外分光スペクトル分析では、電磁波スペクトルのうち、物質の構造特性が現れる、赤外線領域の吸収パターンを調べる。ところが鈴木技官は、なぜか赤外線領域の吸収パターンではなく、それより波長が短い可視光線領域の吸収パターンを調べていた。可視光線領域の吸収パターンは、物質の構造特性を反映していない。そこから分かるのは、その物質の「色」のパターンだけである。鈴木技官の説明は、可視光線領域における電磁波吸収パターンが、赤色付着物と被害者の口紅とで、類似した吸収ピークを示しているので、両者は同じ物質を含む可能性があるというのであった。

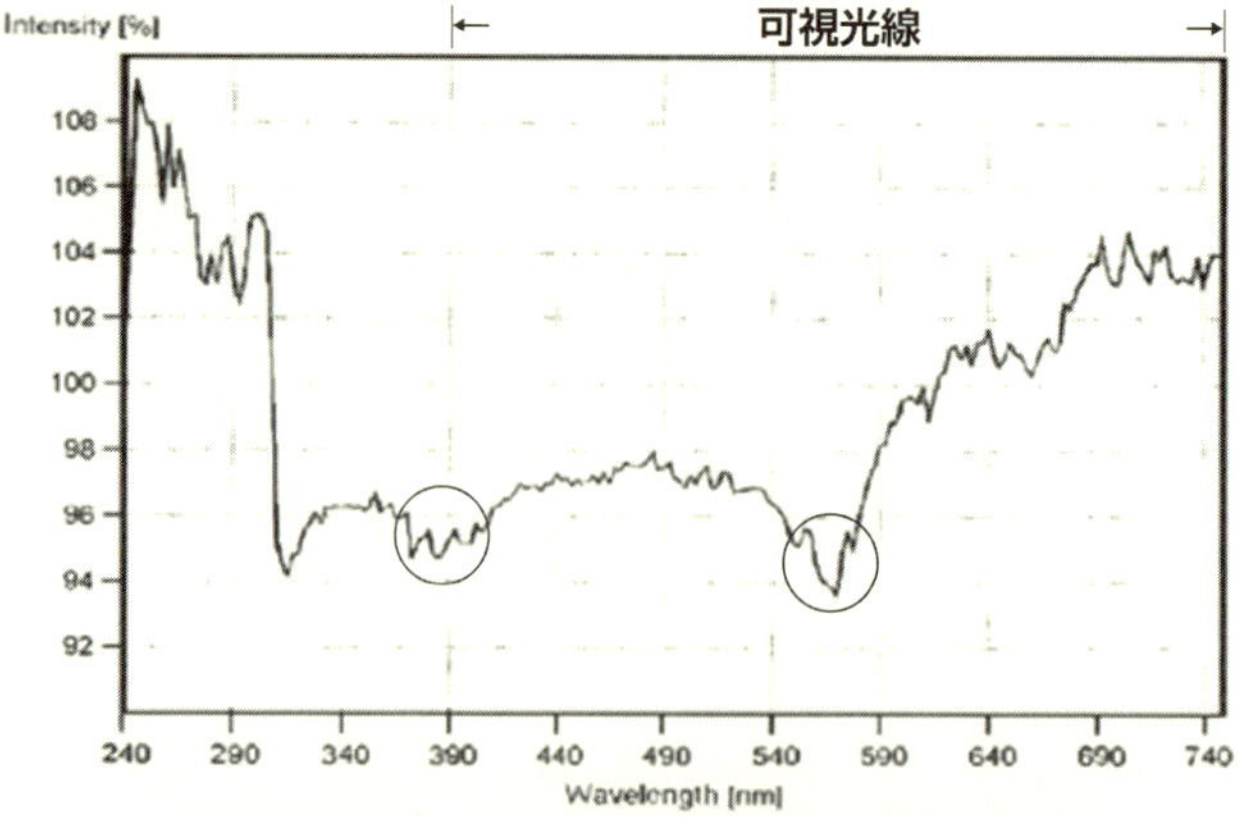

赤外分光スペクトルの色の吸収（赤色付着物）
鋭いピーク（丸で囲んだ部分）。鮮明な赤色であることを示す。

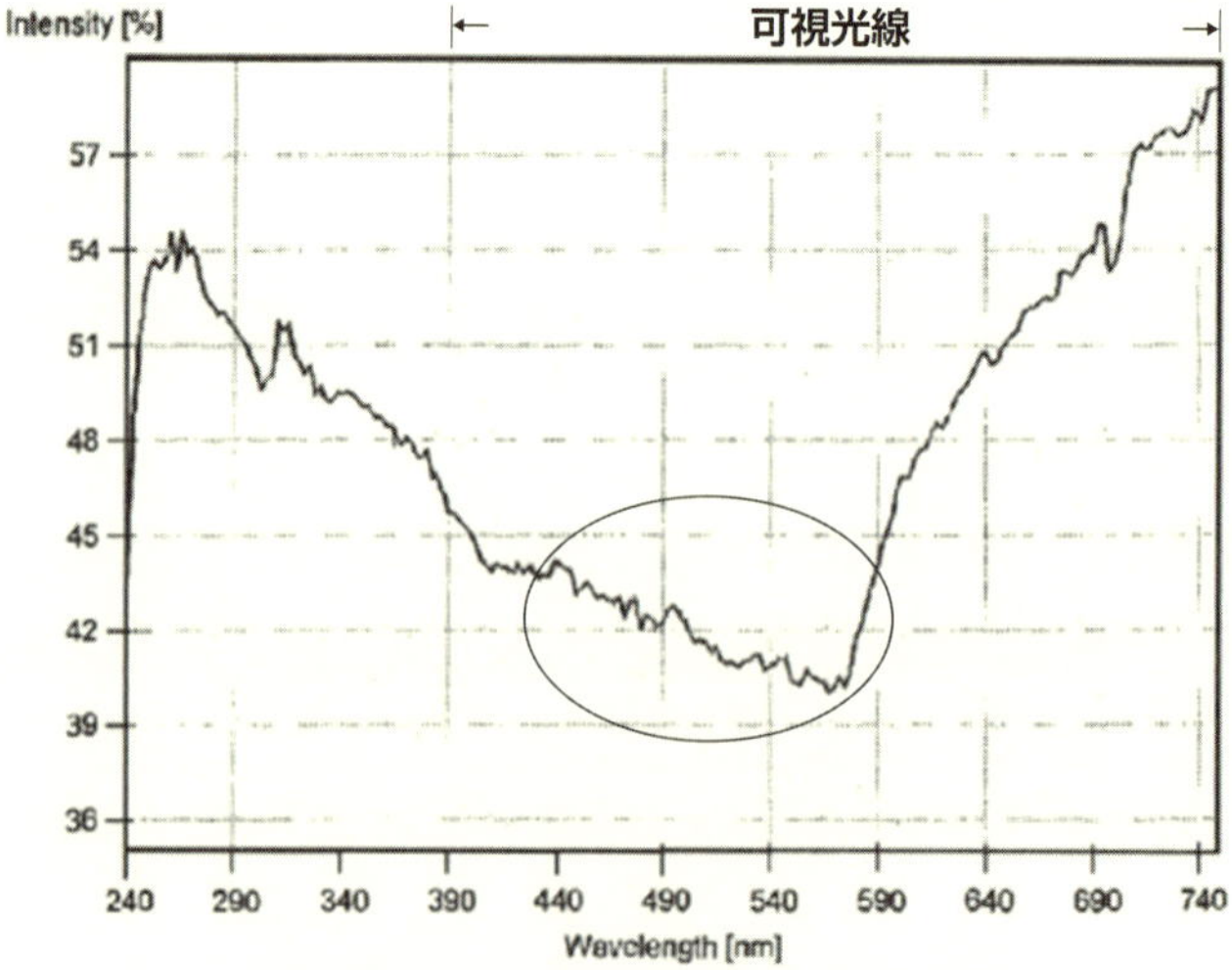

赤外分光スペクトルの色の吸収（口紅）
なだらかなピーク（丸で囲んだ部分）。複雑な明るい赤系統の色を示す。

この説明は、不可解というより他ない。そもそも「色」のパターンを調べたところで、物質を特定する手がかりにはならない。そのことはさておき、色のパターンは、可視光線領域全体を通した電磁波の吸収パターンから判定する必要があるのに、鈴木技官の説明は、吸収ピークだけを問題にするものだったのである。しかもその吸収ピークも、赤色付着物のそれが鋭いピークを示しているのに対して、口紅のそれはなだらかな複数のピークを示している。これは、赤色付着物の色が「鮮明な赤」であるのに対して、口紅のそれは「複雑な色調の明るい赤系統の色」であることを示していた。事実口紅の色調はやや複雑にくすんだ濃いピンクであり、データとよく一致していた。

このことは、データ上、赤色付着物は被害者の口紅とは「異なる色」であること、そしてその色は「鮮明な赤」と考えられることを示す。小川博士は、その色のパターンと赤嶺さんの生活環境（赤嶺さんは1級土木施工管理技士の資格を持っており、現場で塗料マーカースプレーをよく使用している）から、塗料マーカースプレーが付着したものと推定した。――その推定にさらにデータ上の裏付けがあることが判明したのは、第1審判決の後のことであった。

私は鈴木技官の証人尋問で、同技官の説明に科学的根拠がないことを徹底的に追及した。これに対する鈴木技官の証言も、明らかに破綻したものであった。鈴木技官の尋問調書からその一部を引用しよう。

弁護人　このスペクトルは、色しか分析できませんね。
鈴木技官　はい。
弁護人　物質は分析できますか。
鈴木技官　できません。
弁護人　物質について、可能性を判定できるんでしょうか。
鈴木技官　……いわゆるそれは、同一時期に同一鑑定書、同一鑑定嘱託で送付されてきたものであって、それを分析してみたところ、同一の色調を示していたところから、鑑定資料（2）が含まれる可能性があるという……。
弁護人　色について鑑定しているだけですよね。
鈴木技官　はい。
弁護人　同じ色を持つ物質なんて、世界中に無数に存在しますよね。
鈴木技官　はい。
弁護人　にもかかわらず、色から、なぜ物質が含まれる可能性が判定できるんですか。

鈴木技官　限定された犯罪現場から押収されたものであるならば、構造情報なしでも、色から同一である可能性があるというふうに言うことは可能であると思います。

弁護人　限定された犯罪現場とおっしゃいましたね。

鈴木技官　はい。

弁護人　それはつまり、口紅、資料（2）と、上衣、資料（1）が、同一の犯罪現場にあったというふうに考えられたんですか。

鈴木技官　そのように考えないと、鑑定はやって来ないと思います。

鈴木技官の供述について、多くの説明は要しまい。鈴木技官が、「赤色付着物には被害者の口紅と同一の物質が含まれている」と考えた根拠は、①両者の色調が同じであること、②両者が同一の犯罪現場にあったこと、であった。②は完全な事実誤認である。上衣は赤嶺さんの自宅から押収されたものであり、口紅は被害者から任意提出を受けたものである。①については、前述のように、「吸収ピークが一部類似している」というだけで、色調が同じとはいえない。

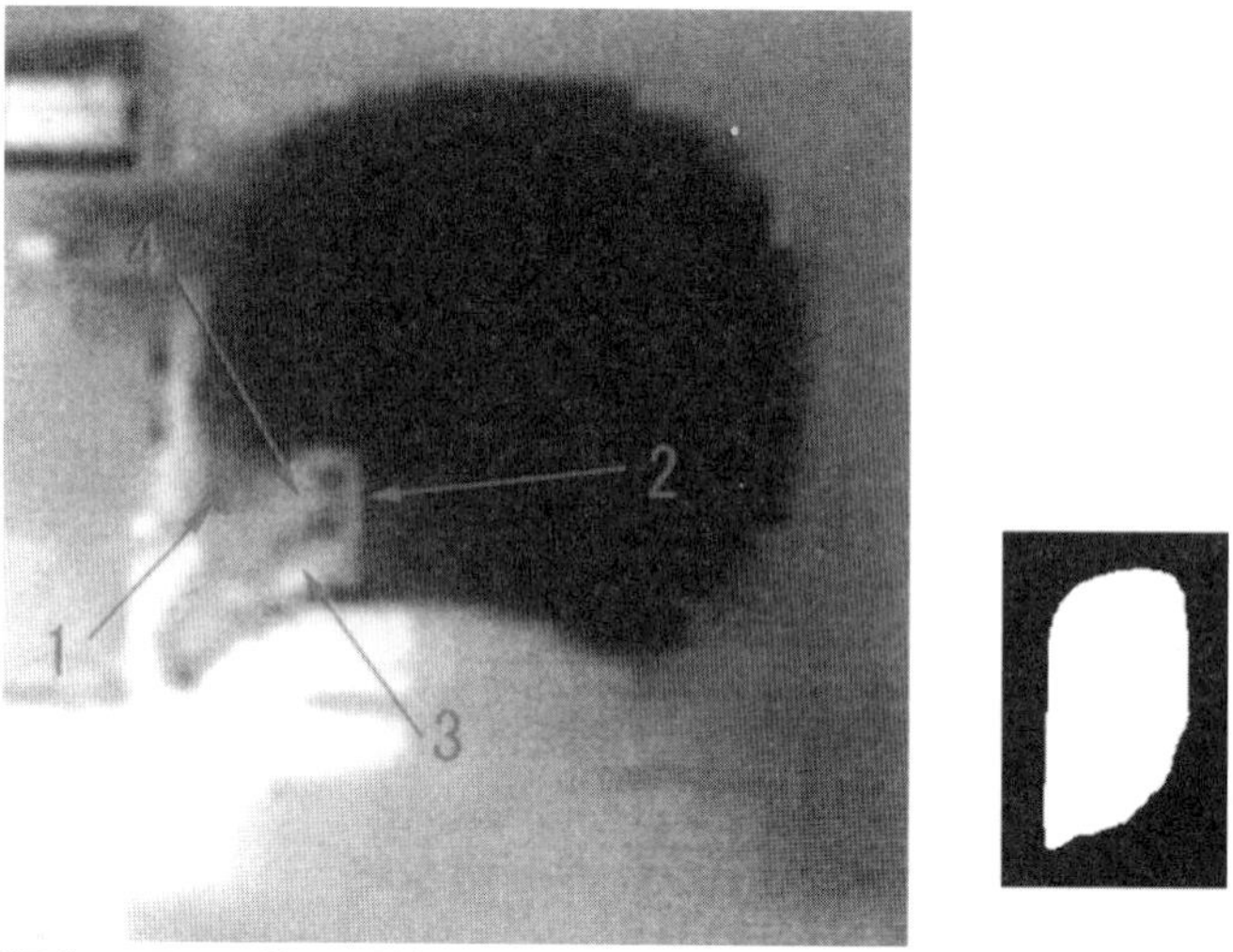

犯人の耳の画像と計算に使用したシルエット

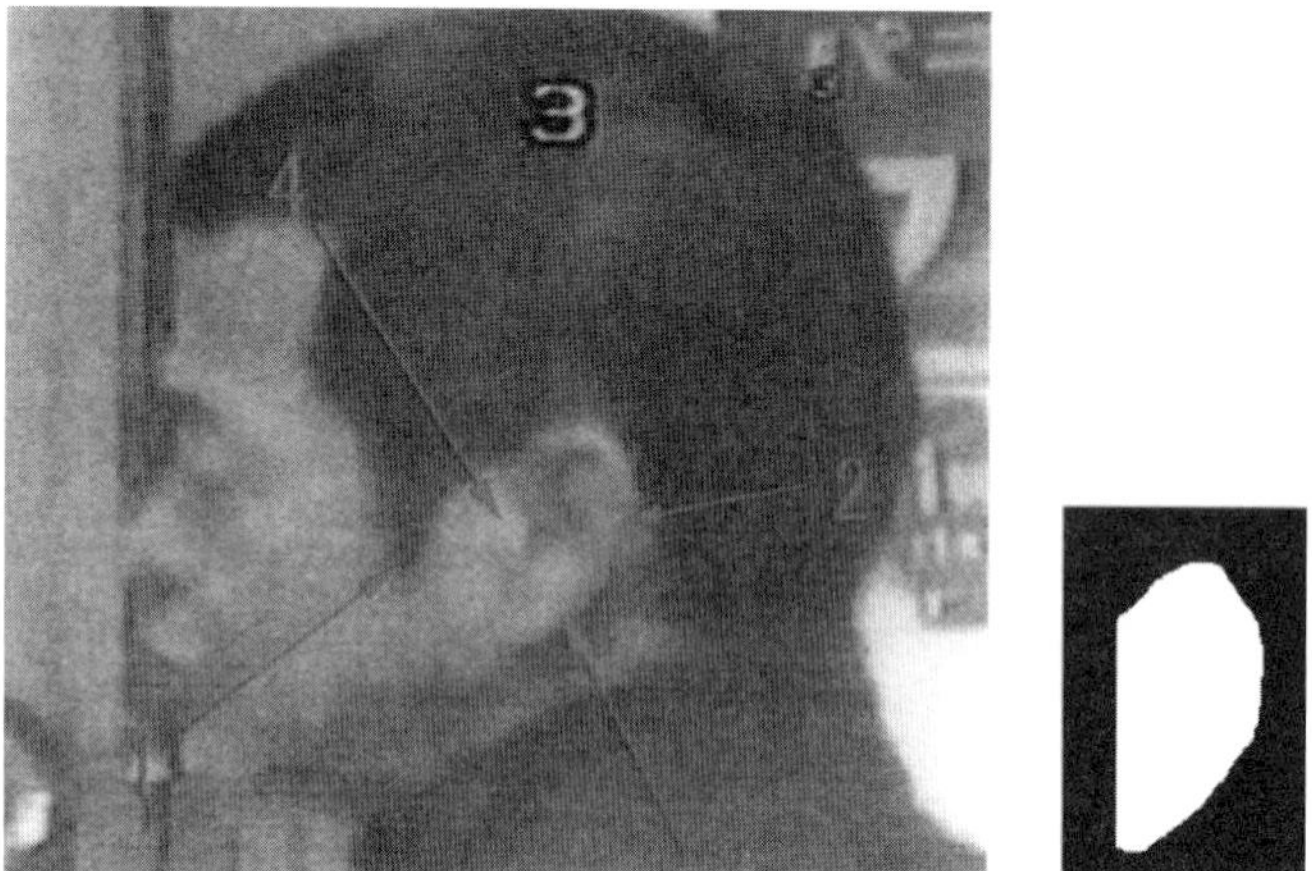

被告人の耳の画像と計算に使用したシルエット

7　防犯ビデオが語る犯人の姿

弁護団は、防犯ビデオの解析を小川博士に依頼していた。小川博士は、微物分析（東大）と画像情報処理（米コーネル大学）の両分野で博士号を取得していた、この事件にうってつけの人物であった。小川博士は、防犯ビデオ映像と赤嶺さんの映像を比較してただちに、「全くの別人です」と断言した。小川博士の分析では、①赤嶺さんの身長は156㎝なのに対して、犯人は被害者（150㎝）より10㎝程度長身で、160㎝程度と推定できる、②肩幅については、赤嶺さんの肩幅（36㎝）と比較すると、誤差を考慮しても、6～10㎝程度は大きい、③耳の形状について、形状係数という形態比較の尺度を用いて犯人と赤嶺さんを比較すると有意に異なっている、ということが判明した。弁護団は、小川博士の鑑定書の証拠調べと、小川博士の尋問を請求した。

一方、検察官は、警察が依頼した法人類学の専門家と称する橋本正次東京歯科大学教授が作成した、犯人と赤嶺さんを比較した鑑定書を提出していた。この鑑定書は、犯人と赤嶺さんの耳などの特徴点が一致しており、両者は同一人である可能性が高いとするものであった。橋本教授は、人類学の専門家であって画像情報処理の専門的訓練は受けていない。しかし、近時、防犯ビデオ映像を用いた人物の異同識別をさかんに手掛けていて、警察を中心として年間150件程度という、「量産」といえる件数の鑑定依頼を受けているという。

橋本教授の鑑定には、①画像の解像度を無視して比較を行っている、②同教授が比較したと称する少数の特徴点以外の相違は、「考慮していない」(同教授)という、看過しがたい大きな問題点があった。

そのうち画像の解像度とは、小川鑑定によると次のような問題である。デジタル画像では、1画素(ピクセル)が形状識別の最小単位となる。識別対象となる被写体の1画素あたりサイズを解像度という。解像度以下のサイズの形状は識別できない。特に、犯人の画像の解像度は、小さなものでも7㎜以上であった。これ以下のサイズの形状は識別できない。同教授が比較したという耳の特徴点は、どう考えても解像度以下のサイズの形状である。

8 犯人の髪型との相違

もう1つの問題点として、犯人と赤嶺さんの髪型の相違という点があった。赤嶺さんはいつも短く刈り込んだスポーツ刈り様の髪型をしている。これに対して映像から窺える犯人の髪は、伸びたパーマ様の形状をしている。その違いは、犯行の1か月後に撮影された赤嶺さんの映像との比較からも明瞭であった。

この点が重要な論点として浮上したのは、被害者であるBさんの供述からであった。Bさんは、犯人の髪型について質問された際、次のように答えた。

ちょっと伸びきったパンチパーマのようかな……ちょっとパンチパーマの、普通の七三分けとかではないような感じがしましたけれど。

犯人を至近距離から目撃しているBさんが、髪型について「伸びきったパンチパーマのよう」と証言している。この証言は、ビデオの映像から窺える髪の形状ともよく一致している。その持つ意味は極めて大きい。

一方、犯行当日の赤嶺さんの髪型については、犯行から1か月後の映像のほかにも、2人の重要な証言があった。

1つは赤嶺さんの中学生の時からの知り合いで、行きつけの理髪店店主Qさんの証言である。Qさんは、赤嶺さんが1、2か月に1度くらいの頻度で散髪に訪れ、いつもスポーツ刈りにしていたこと、3月中旬ころに散髪に来たこと、犯行1か月後の赤嶺さんの映像は、3月中旬ころに散髪に来て、その約2か月後とすると、髪の伸び具合が整合的であること、を説得的に証言した。

もう1つの重要な証言は、犯行当日に請負代金55万円の受け取りのために赤嶺さんに会ったSさんの証言であった。Sさんも赤嶺さんとは長年の知り合いである。検察官はSさんが受け取った55万円は強取金の一部だと主張し、Sさんの証人尋問を求めていた。そのSさんが、裁判長の質問に答えて、犯行当日の赤嶺さんの髪型について決定的な証言をした。

裁判長　赤嶺被告人の髪型なんですけど、いつも大体スポーツ刈りなんですか。それとも、ちょっとパーマを当てたようなときもあったのか、その辺、ずっとお付き合いの中でどういう記憶ですか。

Sさん　特にパーマとかのあれはないですね。感覚は。いつも、あっさりとした髪の毛が、印象にありますけれど。

裁判長　4月16日、55万円の支払を受けたときの髪型というのも、いつもと同じような印象だったということ。

Sさん　そうですね。はい。

裁判長が2つ目の質問をしたとき、裁判長の目つきがそれまでと打って変わって鋭くなり、法廷の空気がピンと張り詰めるのを感じた。Sさんがそれに対する答えをしたとき、裁判長の表情が緩むとともに、法廷の空気が緩んだ。

私はこのとき、裁判長が無罪の心証を持ったと感じた。

9　第1審有罪判決

判決公判は2011年9月16日午後4時に指定されていた。その前日、裁判所から言い渡しを午後1時15分に変更したいという連絡があった。赤嶺さんの無罪を確信していた私は、とくに疑問を持つことなく時刻の変更を承諾した。

判決当日。鈴木裁判長は、私の予想を裏切り、懲役8年の実刑を告げた（求刑懲役12年）。裁判長の、間伸びしたような、緊張感を欠いた声が法廷に虚ろに響いた。

判決理由を聞きながら、私は抑えがたい怒りを感じながらも、ある種の得心がいった。裁判所の認定事実は公訴事実そのままであり、判決理由は、小川博士の経歴など明白な事実誤認に至るまで、検察官の論告の引き写しであった。私が判決理由を読み上げる裁判長の顔を見ると、裁判長は目を伏せた。

判決言い渡し後、私は通常では考えがたい光景に接した。一般には、判決言い渡し後、最初に退廷するはずの裁判長が、左右の陪席裁判官が退席した後も1人裁判長席に残って、その場で書類に目を通すようなしぐさをしていたのである。

私は鈴木裁判長に近寄り、怒りを抑えながら静かに、「長い闘いになってしまいました」と語りかけた。鈴木裁判長は、黙ったまま俯いた。

退廷後の記者会見で私は記者団に、「弁護団は法廷で真実を立証したが、裁判所は真実と向き合う勇気がなかった。裁判官は、裁判員が冤罪に荷担することを防止する責務があるはずだが、その責務を怠った。いずれ裁判所は、今日の判決を恥じることになるだろう」とだけ語った。

私は絶対やっていない

赤嶺　武
南風原事件冤罪被害者

刑事の突然の来訪

「与那原署の者です」。

2009（平成21）年6月10日の午前11時頃、自宅のドアを叩く人がいたのでドアを開けると、2人の男が立っていました。外に目を向けると、隣の敷地にも2人の男がおり、合わせて4人の男がいるのが分かりました。

男は警察手帳を見せて、「与那原署の者です」と言いました。なぜ刑事が自宅に来るのか全く思い当たる節がなかった私は、「何の用件ですか?」と聞いたのですが、刑事は、「与那原署で話が聞きたい、話は署で聞くから」というばかりで、私はそのまま車に乗せられてしまいました。

署に着いた途端の事実上の不当逮捕へ

車が走り出してからすぐに、「どういう話ですか？」と聞いたのですが、刑事は何も喋らず、その後何回聞いても応えてくれませんでした。自宅と与那原署の中間ぐらいまで来たとき、やっと刑事が、「南風原の強盗事件の件で聞きたいことがある」と言いました。私は、「自分は事件のことは何も知らないし分からないので、与那原署に行っても話すことはないですから、降ろしてください」と言いました。それでも刑事は私を車から降ろしてはくれず、そのまま与那原署まで連れて行かれてしまいました。

与那原署につくと、運転していた刑事がすぐに降りて、私が座っていた側のドアを開けて私を車から降ろし、続いて私の隣にいた刑事も車を降りて、2人の刑事に両腕を掴まれ両脇を抱えられた格好で、そのまま取調室に連れて行かれました。私は、これまで刑事から警察署で話を聞かれた経験などなかったので、このように乱暴に取り扱われても、それが普通なのかなと考えてしまい、刑事に従って取調室に入りました。

犯人だと決めつけて聞いてくる刑事

取調室に入ったのは、刑事が家に来てから15分後くらいだったので、だいたい午前11時15分から30分の間でした。取調べでは、まず事件当日の4月16日にどういう行動をしていたか話してほしい、と言われました。急に2か月も前の行動を聞かれ、思い出すことができなかった私は、「覚えてないので、わからないからもう帰してくれ」というようなことをずっと言っていました。

そのうちに、一人の刑事の態度がだんだんと変わってきました。「お前がやったことは分かっている、こんな大きな事件を起こして覚えていないはずがないだろう」と私を犯人だと決めつけて聞いてくるようになったのです。その口調は大きな怒鳴り声で、机を叩きながら「お前がやったんだろう、お前がやったに決まっている」と何度も繰り返して聞いてきました。もう一人はなだめ役でした。

お昼の休憩は挟みましたが、食べる気が湧かなくて、少ししか食べることができませんでした。お昼の休憩の後も、ずっと「お前がやったはずだ、お前がやったんだ」という聞き方を続けられ、私は何十時間も言われ続けているような気がしてきて、頭がおかしくなりそうでした。

その中で、刑事が机の上に白いＡ４判の紙を出して、「私がやりました、と書きなさい」

早朝より福岡高裁那覇支部（那覇市）最寄りの交差点に立つ赤嶺武さん（2013年5月23日撮影）

と言ったこともありました。私は、やっていないことだったので書かなかったのですが、その後もずっと、お前がやったんだろうと言われ続けました。

結局、私が逮捕されたのは、午前0時をまわって6月11日になってからでした。つまり、犯人と決めつけられた上での取調べは、6月10日の午前11時半頃に与那原署についてから12時間近く続いたのです。

6月11日の午前0時過ぎに逮捕されたとき、後で知ったのですが、私が自白したという報道がなされました。しかし、私は、刑事に対して自分がやりました、と話したことはありません。

刑事がどんどん調書を作っていく

12時間近くに及ぶ取調べ中、ずっと自分がやったんだと決めつけられて、ずっとお前がやったんだろうと言われているうちに、何も考えることができなくなり、私は朦朧としていました。

そのとき刑事に、「うなずくだけでもいい」と言われました。私はその時、もう考える力もなくて、何を聞いているかもわからないくらいでした。それで、私自身はうなずいたつもりではなくて、俯いているつもりだったのですが、下を向いて頭を動かしただけでも、勝手に刑事はうなずいたことにして、どんどん調書を作っていったのです。このようにして作った調書にサインをするよう言われ、私はサインをしてしまったのでした。

その後は、刑事は、私が犯人であることを前提にしたことしか言ってきませんでした。犯行現場の様子の図を書いてくれと言われたのですが、私には分からないから鉛筆は止まります。けれども、刑事から「どこに何があったか?」と聞かれ、「ここにあったよね」と言われて、そこに書き込む、という感じで図を書いていきました。

このようにして作られた調書が、私の自白ということになってしまったのです。密室である取調べ室に刑事が2人いて、12時間近くもの間「お前がやったんだろう」と大きな声で怒鳴られて、机もガンガン叩かれる。こうした状況で「これにサインしろ」と言われたとき、サインしないでそのまま頑強に黙秘したり拒否したりすることは、私には到底できないことでした。

私は、絶対にやっていません。みなさん、信用してください、お願いします。

（あかみね・たけし）

◎家族からのメッセージ

武は絶対やってない

信子（赤嶺の姉〈長女〉）

武は、小さいときから大人しくて、おっとり型です。家族・姉弟でケンカをしたこともありません。私と武は、年齢が20歳離れています。武は姉弟の中でも一番下ですので、私は武をかわいくてしょうがありません。武は、優しい弟です。こんな事件を起こすことなど絶対にありません。

秀子（赤嶺の姉〈五女〉）

武が一度、警察に連れて行かれた後、処分保留で釈放され、戻ってきたときのことは、はっきりと覚えています。２００９年の7月2日だったと思います。

私は、そのとき実家にいました。武のお嫁さんの妙子さんから、「釈放されたよ」と電話がきたので、私は、武の家に駆け込んだんです。私が、武に、「本当にやっていないんだよね」って武の両手をつかんで言ったら、武は「やってない」とはっきり言ったんです。「じゃあ、あの新聞はなんなの」と私が言ったら、武が「自分の口からはやっているって言ってないよ」とはっきり言ったので、私は武を信じました。私は、それから武にいろいろと話を聞きましたが、話を聞いて、あんな犯罪をできる弟ではないと確信しました。弟は無罪であると信じています。

その後、武は収監されましたが、家族は、毎日、午前と午後に交代で必ず面会に行っていました。

私たちは、武の体調が心配でしたので、顔色と健康かどうかの様子を見に行っていたのです。プレッシャーを与えないようにもしていました。私たちは、武を信じていますから。月日が流れてからは、拘置所の職員の方も武がやっていないってわかったみたいです。職員の方は、やれる性格じゃないというようなことをはっきりと言っていました。

その後、母が体調を崩して集中治療室に運ばれ、その2日後に武は保釈されました。

母はその前日までは話ができたんですよ。だから私はその日の朝も母を見て、仕事に行ったんです。すると、仕事中に岡島先生から電話があって、今日、武が拘置所から出て、先生の事務所にくると聞きました。私は、急いで仕事を終えて、すぐ先生の事務所に行きました。私は先生より先に事務所に着いたのですが、私は、姉弟から母が危ないというのを聞いていたので、到着した先生に母が危ないと伝えました。

それで先生も他の先生に連絡して、事務所に連絡したりして、そこから病院に行ったんです。病院に着くと、母は、もう声が出なかったんですけどね、温かかったんです、全部。足を触ってみても。武来たよ、と言って母に声を掛けて、武こっちおいでって武に母の手を握らせると、母がちゃんと握り返しているんですよ。武もずっと呼びかけているんです。そんな状況でした。

母も目を開けようとして、まぶたが動いていました、はっきり。

母は、ずっと武のことを案じていました。

母が亡くなった原因は心労だと思います。相当元気な母でしたから。こういうことになって、病院を出たり入ったりが多くなったんですよ。警察に母の命まで取られました。私は警察を恨んでいます。絶対許せません。

映像や写真を見ても、犯人と武が全然似てないのは、はっきりしているんです。それを武に罪かぶせて、武を犯人に仕立てるということは、絶対許せないと思っています。だから皆さん、よろしくお願いします。絶対にやっていませんので。協力してください、よろしくお願いします。

登美子（赤嶺の姉〈次女〉）

武は、小さい頃から優しくて……とても優しすぎです。テレビに犯人が出たときも、弟とは全然違うのに、なんでこうなるんでしょうか。

弟と一致しない、犯人の絵がテレビに出ていたんですよ。これをみて、何だこれは？と思ったんですよ。だけど、こんなふうになって。

家族みんなでがんばって弟を支えています。

武の無罪を知ってもらうために、ビラ配りをしているのですが、ビラを配っていると、「もう終わったんじゃないか」と言われたりすることもあります。でも、私が「いいえ、今からですよ」というと皆さん、「あ、そうねぇ、みんながんばろうね」って言って応援してくれるんです。

静子（赤嶺の姉〔三女〕）

私が、仕事を終えて実家に行ったとき、テレビのニュースで初めてこの事件のことを知りました。犯人が映っていて。

私は、母と2人でニュースを見ていたんですよね。この映像だったら、友達なら誰でもわかるよね、という話を母として、他人事だったんです。それがまさか、こんな許されないようなことに弟が陥れられてしまいました。絶対許せない気持ちです。

最初は自分たちに関係ない事件だと思っていましたが、弟が警察に連れて行かれて帰って来れないと知ったときには、まさかと思いました。警察は、絶対、弟の話を最初から嘘って決めつけていたんだと思います。弟は犯罪をやれる人ではないですよ。強盗なんてやる勇気もない。絶対に。誓います。犯人の映像を見てもわかりますけど。腹が立ってしょうがないんです。

初枝（義理の姉）

武さんは、いつも私に気を遣ってくれて、思いやりのある人です。

私は、武さんと一緒に仕事をしていたこともあるのですが、武さんは、現場ではみんなを指揮していますので、みんなから信頼され、頼りにされていました。従業員は、武さんのことをいつも気配りのできる人だと思っていました。他のお姉さんからも話がありましたが、私から見ても武さんは優しく、おとなしい性格だと思います。

今回のような事件を起こしたというふうには思えません。信じていますので。頑張って支えます。

第2部

第1審はいかにして誤判に陥ったか

岡島　実

第1章

第1審有罪判決の問題点

1 「被告人」を犯人と決めつけ、その声に耳を傾けないこと

第1審判決は、検察側の主張である起訴状の公訴事実とまったく同様の事実を認定し、赤嶺さんに対し懲役8年の実刑を言い渡した。一方、被告人とされた赤嶺さんは、公判中一貫して無実を訴え続けたにもかかわらず、無実の訴えは判決では一切顧みられなかった。赤嶺さんは、「犯人」であると決めつけられ、さらに、「（無実などと言っているが）嘘をついている」、と見なされたのである。

控訴審より本件弁護団に加わった木谷明弁護人（元東京高裁判事）は、2013年4月22日付で福岡高裁那覇支部に提出した上申書の中で、周防正行監督による映画「それでもボクはやって

ない」の主人公徹平の以下独白を引用している。「真実は神のみぞ知る、と言った裁判官がいるそうだが、それは違う。少なくとも僕は、自分が犯人ではないという真実を知っている」。

本件においても、未だ真犯人は登場しておらず、冤罪被害者である「被告人」赤嶺武さんのみが、本件関係者の中で唯一真実を、「自分は犯人ではない」という真実を、他の誰よりも知っている。

確かに、実際に罪を犯した「被告人」の一部は、罪から逃れようと、「やってない」と嘘をつくかも知れないし、「やってない」などと嘘をつく被告人がいるからこそ、強固な意志で、被疑者・被告人＝犯人、であると決めてかかることが職務であり社会的正義を実現することである、と信じて疑わない検察官は多いのではないか。そのような検察官の「熱意」を間近に見ている裁判官が、その「熱意」に応じたいという人情を持つことは容易に想像できる。

また、「本当にやってない」冤罪被害者と嘘をついている真犯人を証言のみで見分けることはまず不可能であろうから、間接証拠を積み重ねて真偽を見極めることになるが、証拠が、ＤＮＡ鑑定のような、専門的知識がなければ詳細を理解することは不可能な、一見難攻不落な科学的証拠である場合、被疑者・被告人＝犯人、との予断を裏付ける非常に証明力の高い証拠、と鵜呑みして解釈されかねない。

科学的鑑定の危うさについては改めて次項で取り上げるが、訴追する側の警察や検察が、被疑者・被告人＝犯人と決めてかかることで冤罪が起こり得ることを裁判官は強く自覚すべきである。そして、被告人が「やってない」と訴えている本件のような事件について、裁判官には、少なくとも一度は、冤罪の可能性を想定して頂きたい。そして、冤罪被害者による「やってない」という訴えは、「自白」と同様の重みを持つものであることを肝に銘じて頂きたい。残念ながら、第1審判決には、第1審の裁判官が、「自白」と同様の重みを持つ赤嶺さんの「やってない」という真実の叫びに気づき真摯に耳を傾けた痕跡が見当たらない。第1審判決の問題は、第一義的には、真実を知る「被告人」が「本当にやってない」と訴えているにもかかわらず、「被告人」は嘘をつくものであるとの予断が勝り、真実の心の叫びに耳を傾けることができなかったことである。

2 DNA鑑定の過信

第1審判決が、真実を知る「被告人」の無実の訴えを無視し「被告人」は嘘をつくものであるとの予断の下に書かれたことは間違いないが、その「予断」は、いわばDNA鑑定がもたらしたものである。被告人が無実の訴えをしている場合は、（もしかするとこの被告人の訴えは真実かも知れない）という観点からまずは事件を見立てて頂きたい。その時、そもそも間接証拠の一つでしかないＤＮＡ鑑定を鵜呑みにすることの危うさに気づくはずである。２０１３年３月31日に発行された司法研修所編集の『科学的証拠とこれを用いた裁判の在り方』（法曹会発行）はこのことを以下のように指摘している（引用文中の「情況証拠」は「間接証拠」ともいわれる）。本件においてＤＮＡ鑑定が具体的にどのような位置づけであったかについては、また項を改めて論ずる。

（ア）証拠としての限界

科学的証拠は、通常、有力であっても情況証拠の一つにすぎない場合がほとんどである。その情況証拠がどのような証明力を持つかは、他の情況証拠との総合判断によることが多い。被害者や目撃者の体験供述が、ストーリー的な広がりを持つ証拠であり、その信用性が肯定されると事案の全面的解決につながる高い証拠価値を持ち得るのと比較すると、科学的証拠は、そこから基本的にピンポイント的な事実しか導かれないという点で対照的といえる。したがって、科学的証拠は、それのみでは要証事実との関係での限界があることをまず自覚すべきである。……証拠として科学的証拠をみる場合は、その科学的証拠から直接的にどのような事実が認定でき、その事実にその他の事実を加えることで、どのようなことが推認できるか、という分析的視点は極めて重要になる。高い証明力を有するといわれるＤＮＡ型鑑定においても、実際の刑事裁判においてDNA型鑑定自体で判明することは、争点判断の一部にすぎないことが多いのである（同書8頁）。

3　犯行現場の著しい軽視(1)──第三者の犯行を窺わせる現場痕跡

犯行の状況が防犯カメラに撮影されており、防犯カメラから現場遺留物が少なからずあることが示唆されているにもかかわらず赤嶺さんと一致するものが皆無であるという重大な事実が、判決では軽視されている。

本件の最大の特徴は、3台の防犯カメラによって、犯行のほぼ一部始終が撮影されているという点にある。つまり、防犯カメラ映像を丁寧に見れば、犯行がどのようなものであったか、現場にどのような遺留物があり得るか想定できる。現に、防犯カメラ映像から、本件の犯人は犯行現場で被害者と激しく揉み合っていることが分かる。また、防犯カメラ映像から犯人は手袋をしているとは考えられず、犯人が現場で触れた場所や物も防犯カメラ映像によって特定可能である。

しかし、被疑者・被告人＝犯人という決めつけとDNA鑑定の過信が、そもそも犯行現場には被告人の痕跡が何もない一方で第三者の痕跡が窺える、という最重要事実を覆い隠してしまっている。本件における最大の問題は、現場から赤嶺さんに結び付く痕跡は何も発見されていないにも関わらず赤嶺さんが被告人とされてしまったことである。言い換えれば、犯行現場には何の痕跡も残していない人が被告人とされてしまったのである。

犯人と被害者が激しく揉み合っている犯行現場には、犯人の指紋のほか、毛髪などの痕跡が遺留されていると考えるのが常識的である。そればかりか、逆に①現場で犯人の足跡痕が採取されたが、赤嶺さんが所持する靴とは一致しない、②被害者を縛ったロープからは、第三者の汗垢が検出されているなど、むしろ第三者の犯行を窺わせる痕跡が発見されているのである。

防犯カメラ映像で判明する犯行状況から考えて、犯行現場に犯人の痕跡が何も残らないということは考えがたい。したがって、現場痕跡から見る限り、犯人は赤嶺さんではなく第三者と考えるのが自然なのである。

4　犯行現場の著しい軽視(2)——防犯カメラに映った犯人と赤嶺さんの不一致

前述の通り、防犯カメラ映像から犯行の様子がわかる。犯行状況が撮影された時間は、3台合計で約20分である。犯行時間はそれより短い約13分間であり、防犯カメラは、犯人が現場に接近する場面から現場を立ち去る場面まで記録している。これらの映像の証拠価値は他の証拠と比べ物にならないほど高い。なぜなら他の証拠はいずれも間接証拠に止まるのに対し、防犯カメラ映像は、本件犯行の実際の状況を直接記録した直接証拠である上、目撃供述などのように知覚や記憶の正確性が問題になることもない、機械的に記録された客観証拠だからである。そこに映った男が犯人であることは映像から明白である。

そして、後で詳しく触れるが、弁護団が専門家に調査を依頼した結果は、防犯カメラに映った犯人と赤嶺さんとでは、身長（犯人は推定約160cm、赤嶺さんは156cm）、肩幅（犯人は推定約46cm、赤嶺さんは36cm）、耳の形に違いがあり、両者は別人と考えられる、というものである。

5　犯行現場の著しい軽視⑶——被害者の口腔内細胞採取に始まる判決の記述

第1審判決の「前提事実」の「本件犯行後の捜査状況等」を見ると、裁判所が証拠を考える前提事実から「犯行現場」を除外していることが明らかである。本書の冒頭部分で、強盗致傷事件翌日社会面の地元紙の記事を紹介したが、地元テレビ会社のニュース映像でも、非常に多くの捜査員が犯行現場の捜査に携わり鑑識活動を行っている様子が映し出された。これだけ大掛かりな捜査を行ないながら被告人に関わる証拠が現場から見つからなかったということ自体、赤嶺さんが本強盗事件とは無縁であるという証左そのものではないのか。そして、被告人（赤嶺さん）犯人説とは矛盾する第三者が関与していることを証明する証拠が意図的に伏せられているのではないだろうか。

ここに、判決の該当部分を引用するが、「被告人」は嘘をつくものであると決めつける予断や科学的証拠の過信とともに、直接証拠や証明力の高い間接証拠の宝庫であるはずの犯行現場を恣意的に軽視（無視）することが冤罪を生むのだということを共有して頂きたい。

2　本件犯行後の捜査状況等

関係証拠（8書証、3証拠物、捜査関係者ら5名の法廷供述、被告人質問）によれば、本件犯行後の捜査状況等は、概ね、以下のとおりと認められる。

(1)　犯人逃走直後、被害者の110番通報により、ほどなく沖縄県警察本部及び与那原警察署勤務の警察官らが本件景品買取所に臨場し、被害者を琉球大学医学部附属病院に搬送して治療を受けさせるとともに、被害者の口腔内細胞等を採取した。

(2) 警察官らは、沖縄県豊見城市所在の○○店にてパチンコ遊戯中の被告人の容姿が防犯カメラに映る犯人と酷似しているなどとして、平成21年5月15日から同年6月4日ころまでの間、本件犯行の容疑者として被告人の行動確認を行うなどした。そして、警察官らは、同月10日、被告人に対し、与那原警察署への任意同行を求め、その取調べを行い、同月11日午前零時45分、被告人を逮捕した。

(3) 警察官らは、同月11日、被告人方の捜索を実施し、被告人方1階寝室クローゼット内から長袖上衣（以下「本件上衣」という。）を押収した。

(4) 警察官らは、同月13日、被告人が使用する軽四輪自動車の捜索を実施し、茶色の紙袋に入った「COLT PYTHON. 357mag. 2.5inch」と記載されたモデルガンの空き箱（以下「本件空き箱」という。）を同車助手席下から発見し、押収した。

(5) 被告人は、同年7月2日、処分保留で釈放されたが、平成22年2月17日、起訴された。

第1審判決の理由付けと判断構造

1　被害者の唾液以外の事実は「可能性」レベルの判断

第1審判決の理由付けを見てみよう。第1審判決が赤嶺さんを犯人と認定した理由は次のようなものであった。

(1)　押収された上衣と犯人の着衣は同一の物と認定でき、赤嶺さんの犯人性が強く推認される。

その理由は以下の3点である。

①防犯カメラの画像から、押収された上衣と犯人着衣は同型である可能性が高い。

②押収された上衣から被害者の唾液が検出されたところ、当該唾液は本件犯行時に付着し

たと認められる。

③唾液の検出箇所に付着している赤色付着物は被害者の使用する口紅である可能性がある。

(2) 防犯カメラの犯人と赤嶺さんは似ているといえる。

(3) 赤嶺さんが使用していた軽自動車から発見されたモデルガンの空き箱に関する赤嶺さんの供述は虚偽供述である。

(4) 赤嶺さんには相当の借金があって犯行動機はあるといえる。

(5) 犯行前後の赤嶺さんの行動も犯人であることと矛盾しない。

(6) 赤嶺さんのアリバイは認められない。

(7) 弁護人が主張する事実は、いずれも犯人性の認定を妨げない。

第1審判決の理由付けを一読して明らかなのは、被害者の唾液に関する認定以外の事実はいずれも、「可能性」や「犯人であることと矛盾しない」というレベルの判断だということである。つまり、第1審判決で実質的な意味で積極的に犯人性認定の根拠とされた事実は、(1)②（押収された上衣から検出された被害者の唾液は、本件犯行時に付着したと認められる）だけなのである。その他の認定事実は、いわば上記の事実を補完し、有罪認定へと結び付ける補助的な材料として使われているのに過ぎない。

換言すれば、第1審判決は、上記(1)②の事実によって実質的に犯人性を認定してしまい、その他の事実は、赤嶺さんを犯人と決め付けた上での、後付け的な正当化のための論理としてしか機能していない。要するに、(1)②の認定が、赤嶺さんの犯人性の認定に直結してしまっているのである。

2 上衣から検出された唾液の問題点

本当に被害者の唾液は犯行時に付着したものか

この第1審判決の認定には、2つの点で重大な問題がある。
①犯人性認定に直結した(1)②の事実認定自体が、実は極めて危ういものである。その証拠とされたのは、押収された上衣右袖口から唾液が検出され、そのDNA型が被害者のそれと一致したという、科捜研のDNA鑑定である。
鑑定によって立証できるのは、そのように主張する科捜研職員の報告が存在するというだけなのである。実際に唾液が検出されたのかどうかを客観的に裏付ける資料はなく、ましてそれが

「犯行時に付着した」と認めるに足りる客観的資料は存在しない。

検察官は、右の事実を、もっぱら科捜研職員と捜査員の供述のみで立証し、第1審判決は、科捜研職員らの供述の信用性を全面的に認めて、⑴②の事実を認定してしまったのである。

②赤嶺さんの犯人性に疑いを抱かせる事実は、赤嶺さんを犯人と決め付けることによって、安易に一蹴されてしまっている。弁護団は、⑴②の事実を含むすべての事実について、専門家の鑑定も含む弾劾証拠を提出した。しかし第1審判決は、犯人性認定の根拠とした証拠については、右のような「可能性」のレベルでその証拠価値を肯定する一方、弁護団が提出した弾劾証拠に対しては、「証人は断言していない」とか「抽象的な可能性を指摘するに過ぎない」など、いわば高度の証明がないことを理由に排斥してしまった。証拠価値の評価がまったく逆転してしまっているのである。

結局、第1審判決は、犯行現場の遺留品ではなく2か月近く経ってから赤嶺さんの自宅で見つかった上衣から被害者の唾液が検出されたというDNA鑑定書に依拠して赤嶺さんを犯人と決め付ける検察官の主張を、何の疑いも持たずに事実と認定した。そして、その他の事実も、検察官の筋書き通り、その認定と整合する事実だけを都合よく配列する一方、その事実に疑いを抱かせる弁護団の立証に対しては、決め付けた事実と矛盾するという理由で排斥しているのである。第1審判決にとって、いわば「DNA鑑定がすべて」なのであった。

不自然な上衣発見の経緯

だが、第1部で紹介したように、科捜研のDNA鑑定は、実は第1審の証人尋問ですでに信用の基礎は失われていた。そもそも上衣の発見の経緯からして不自然である。赤嶺さんの上衣は、現場の遺留品ではなく、被害者の唾液でも付いていない限り本件にはまったく関係のないものである。仮に赤嶺さんが犯人で、上衣を自宅に着て（持ち）帰ったとすると、当初、帽子を目深にかぶりさらにマスクをするなど、明らかにカメラを意識していたことが防犯ビデオからも見て取れる犯人として、ビデオに録画され最も目につく着衣である上衣を、犯行から2か月も後まで洗濯もせず、クローゼットにご丁寧に畳んで保管しておくだろうか。上衣ほどに目立っていないズボンなどの着衣や所持品は、「捨てた」ということになっているにもかかわらず、である。「捨てた」はずの場所からも、着衣等は一切発見されてない。さらに、上衣から検出されたという被害者の唾液は、同時期に警察の手元にアプリケーターチップの形で存在した上、その保管状況についても、検察官が主張するように科捜研で保管されていたかどうかすら、疑わしい。

しかし第1審判決は、これらの疑問を、一切不問に付してしまった。

DNA鑑定の魔力

第1審判決の認定は、DNA鑑定の信用性が否定されれば、すべてが崩壊する構造なのであった。したがって第1審判決が赤嶺さんの有罪に固執するかぎり、何としてもDNA鑑定の信用性を肯定するしかなかったのである。

しかし逆にいえば、DNA鑑定は、そのような認定をもっともらしく見せてしまう、一種の魔力を持っているとも言えた。その記載するところによれば、赤嶺さんの上衣の右袖口から唾液が検出され、その唾液のDNA型を調べたところ、出現頻度1垓3864京余人に1人（1垓は1000兆の10万倍）の確率で被害者のDNA型と一致したというのである。DNA「型」鑑定は、DNAの分子配列を比較するものであり、「人」の比較をするものではないから、本来、「○○に1人」という表現は正確とはいえない。数字は、特定の分子配列の統計的な「出現確率」を推定するものに過ぎないので、「○○分の1の確率」と表現すべきものである。

統計学の知識を有しない者にとっては、このような不可思議な数字を目にしただけで、一種の催眠効果があるだろう。そして、「上衣から唾液が検出された」と言われれば、検出されたという唾液の由来について、作為やコンタミネーションなどヒューマンエラーがありうるという疑問を持たなければ、それはその唾液を供給した人——つまり被害者——と赤嶺さんが接触した証拠だと思い込むだろう。

しかしこうした魔力は、もし、検出されたという唾液がアプリケーターチップに由来するものであったとしたら、たちどころに雲散霧消する性質のものである。アプリケーターチップには被害者の唾液と口腔内細胞が付着しているのだから、それに由来する唾液が被害者と一致することは説明するまでもない。しかし第1審判決は、このアプリケーターチップに由来するものという可能性を、非常識というほかない理由で封じてしまった。否、そうするしかなかったのである。その理由付けについては第5章で検討しよう。

3　防犯ビデオ映像から目を逸らした判断

第1審判決のもう1つの重大な問題点は、赤嶺さんが犯人であることを疑わせる証拠、中でも最も重要な証拠であるはずの防犯ビデオ映像から目を逸らしてしまっていることである。

防犯ビデオの映像に映った犯人の姿は、一見して明瞭とまではいえない。しかし冷静に観察すれば、赤嶺さんと犯人の外見の間には多くの相違点を見出すことができる。それだけでなく、防犯ビデオ映像は、犯人の着衣と白色上衣の同一性や、犯人と被害者の接触状況、現場の状況などについて重要な事実を明らかにする、事実認定の上での情報の宝庫なのである。それら防犯ビデオからもたらされる情報の1つ1つが、赤嶺さんが犯人であることに疑いを抱かせている。これらを総合すれば、小川博士が断言したように、「全くの別人」といっても差し支えない。

次章では、まずこの防犯ビデオ映像からどのようなことがいえるか、そして第1審判決がいかにそれを無視しているかを検討しよう。そして次に、実質的に唯一の有罪の根拠となっているDNA鑑定の問題点を、詳しく検討していくことにしたい。

第3章

本件にとっての防犯ビデオ映像の意味

1　防犯カメラの設置状況

本件の防犯ビデオ映像がどういうものであったか、ここで詳しく見て行こう（本書xii頁の現場見取図参照）。

本件犯行現場周辺には、5台の防犯カメラが設置されていて、常時作動している。そのうち本件の犯行状況が写っているカメラは3台である。

本件の現場景品買取所は、東西3・8m×南北2・6mのプレハブ建物である。入口（西側）の前方に1mほどのスペースをおいて鉄柵がある。さらにその南西側には小さな倉庫がある。鉄柵の入口に至るには、倉庫と北側金網製フェンスの間の約2・5mの道を通ってくることになる。金庫は、建物内の東側奥にある。犯行状況が写っているカメラは、建物内部南西隅の天井部に設置され、建物内部全体を収める超広角レンズのカメラ3（番号はカメラ設置者が付けたもの）、鉄柵の南側外側天井部に設置され、鉄柵に至る倉庫と金網フェンスの間の通路部分を撮影する広角レンズのカメラ4、鉄柵と建物入口との間のスペースの南側天井部に設置され、建物入口を中心とする鉄柵内部のスペースを撮影する広角レンズのカメラ5の3台である。

2　犯行の一部始終をとらえている防犯ビデオ映像

以上3台の防犯カメラに映っていた犯行状況は、つぎのとおりである。

①犯人は、まず建物南西側の倉庫の陰から現れ、マスクをし、帽子で顔を隠すようにしながら、鉄柵入口に向かって駆け寄ってくる（カメラ4）。

②次いで鉄柵入口に到達すると、被害者と入口柵の引っ張り合いの末、鉄柵内に侵入し、被害者の頭部を抱え込むなどして揉み合い、被害者から建物入口の金属製ドアの鍵を奪ってドアを開け、建物内部に入る。そのとき被害者は建物の外で倒れ、気絶した振りをして犯人が建物内部に入った隙に逃げようとしたが、気づいた犯人が捕まえて建物内部に引きずり込んでいる（カメラ

建物入口前での被害者と犯人との揉合いの様子
（防犯カメラ映像をイラスト化したもの）

5）。この場面では犯人は帽子を被っていない。

③犯人は建物内部に入ると、1度周囲を物色した後、被害者を建物内部に引きずり込み、けん銃用の物を突き付けて脅しながら、金庫を開けさせる。被害者を建物内部に引きずり込んでいる最中に、帽子を被ったのが分かる。金庫を開けると、その中から札束をつかみ出した後、被害者の口にガムテープを巻きつけ、ロープで後ろ手に縛った上、札束を脇に抱え込むようにして建物から出ていく（カメラ3、カメラ5）。

④その後建物入口から外に出て、鉄柵前の通路を、帽子を取りながら歩いて立ち去っていく。侵入する際には建物南西の倉庫の陰から現れたが、立ち去った方向は、建物北西の金網フェンス脇に置かれていた自動車とフェンスの脇を通り抜けて行った（カメ

ラ5、カメラ4)。

以上のうち、②で揉みあう犯人と被害者が一時的にカメラの死角に入った場面があるほかは、犯行の一部始終がすべてカメラに収められている。犯行時間は約13分間だが、前後の関連場面も入れると、犯行状況は、3台合計で約20分間写されている。

カメラから犯人までの距離は、カメラ5が最も近く、約2m前後である。また、カメラ5に写っている建物入口前での被害者の揉み合いの際には、犯人はマスクを付けているが、帽子は被っておらず落としたままになっている。したがって犯人の頭髪や上頭部の特徴などは、相当程度に識別することが可能である。また、カメラ3には建物内の犯人の行動がすべて収められている。

3　防犯ビデオ映像は犯行そのものを立証する直接証拠

もっとも、映像には限界もある。画素数を多くして解像度を上げるためには記録媒体であるパソコンの保存容量を大きくする必要があるが、そのためにはコストがかかる。そのため多くの防犯ビデオでは解像度はあまり高くない。本件の防犯ビデオも、小川鑑定によると、解像度はカメラ4、5で4㎜程度と推定され、それ以下のサイズのものの識別はできない。またどのカメラも建物天井部に設置されている上、最も犯人に近いカメラ5では、犯人は大部分でカメラに背を向けているため、顔の特徴は判別しづらい。

しかし、このような限界にもかかわらず、本件防犯ビデオ映像が本件の他の証拠と比べものにならない高い証拠価値を有していることは明らかだった。本件防犯ビデオ映像には、犯行状況そのものが写っている。つまり、犯人が逃げている場面などの間接証拠ではなく、犯行そのものを立証する直接証拠である。また、記録は視覚的な情報により機械的に行われ、時間経過による劣化もない。この点、同じ直接証拠でも正確性が問題となる目撃証言などと違い、再現の正確性に疑いを容れる余地のない客観証拠である。

これを上衣のＤＮＡ鑑定と比べてみよう。上衣のＤＮＡ鑑定は、赤嶺さんが被害者と接触した可能性があることを示す証拠である。被害者と接触した可能性があるからといって犯人とは限らず、犯人である可能性を示す間接証拠の1つに過ぎない。その上、ＤＮＡ鑑定は、そこで検出されたという唾液が、何に由来するのかについては何も語らない。したがって作為の余地を排除するものではない。

このように見れば、本件防犯ビデオの証拠価値がいかに高いものであるかが理解いただけよう。ありていにいえば、この事件の立証は防犯ビデオに始まり防犯ビデオに終わる。防犯ビデオに写った犯人と赤嶺さんが同一人物であるかどうかを検討しさえすればよい、はずなのである。

防犯ビデオ映像を直視することをできるだけ回避しようとした検察と、その検察の姿勢を鵜呑みにしてＤＮＡ鑑定を疑うことなく有罪認定の根拠とした第１審裁判所が、証拠の扱いの基本を無視していたことは明らかなのだった。

第4章

防犯ビデオ映像が語る事実

本件防犯ビデオ映像には、犯人の姿と、犯行の一部始終が写っている。犯人犯人の特徴と、犯人の現場での行動は、正確無比な記録によって立証することができる。その中から、赤嶺さんが本件と関係のない人物であることを明らかにする事実を挙げながら、それらの点について、第1審判決がいかに無理な事実認定を重ねているかを検討して行こう。

1 防犯ビデオで判別できる犯人の外見

本件の防犯ビデオで判別することができる犯人の外見としては、身長、肩幅、頭部や耳の形、髪型などがある。第1審における弁護団の立証のポイントは大別して2つあり、①小川博士の鑑定に基づく身長・肩幅・耳の形の識別と、②被害者の目撃供述などと併せての髪型の識別である。

これらの全てが、犯人と赤嶺さんが別人であることを物語っていた。公判の経過は第1部で述べたが、ここではその内容についてもう少し詳しく紹介して行こう。

2　身長・肩幅の識別

第1部で述べたように、小川博士は画像情報処理の研究でコーネル大の博士号を取得している。小川博士の研究分野はリモートセンシングといい、近接でない画像情報の処理を広く扱う。その範囲は、防犯カメラの映像のようなものから人工衛星で撮影された地上の画像にまで及ぶ。博士は、そのような画像情報の中でも、不定形のものの形態を研究するフラクタル理論を応用した研究を行っていた。ということは、「人の姿形」という不定形のものの形態を分析することは、まさに博士の研究分野の応用問題であった。

博士は、防犯ビデオ映像の分析から犯人の身長を１６０㎝、肩幅を46㎝と推定した。博士の手法は、犯人と近接する、大きさの分かっている比較対照物を基準として、画像上の空間角度を計測するという方法であった。広角レンズは、１つの画面の中に広い範囲の空間を撮影するため、空間を歪曲させて画面に収める。魚眼レンズで撮影された画面は円形に歪んでいる。これと同じことである。レンズが空間を歪曲させる際、撮影対象となる空間上の長さは、当然、不均一になる。画面中央付近の長さは縮み、縁辺部分では褶曲して長くなる。これに対して、空間角度は均一に圧縮される。画面中央部分でも縁辺部分でも、同一の空間角度に対応する空間上の長さは同一である。そして、レンズから計測対象物までの距離を、東西方向・南北方向・垂直方向の三次元で測ることができれば、空間角度を計算することができる。あとは、近接する比較対照物との比較から、その空間角度に対応する長さを計算すれば、計測対象物の長さを求めることができる。画像情報処理のごく初歩的な応用であり、合理的な手法である。また初歩的な応用であるから、経験の多少に左右されるものでもない。

一方検察官は、科捜研職員による、１５６㎝という犯人の身長推定の鑑定結果を証拠として提出していた。この推定値は、赤嶺さんの身長と同じである。科捜研職員の手法は、画像情報処理の専門的知識によらない、原始的なものであった。カメラ3を用いて、犯人が立っていたと思われる辺りの位置に測定器を置き、犯人が写っている画像と測定器を写した画像を比較して、犯人の身長を推定しようというものである。しかし、画像では、犯人の足の位置を正確に特定することができない。犯人の足の位置を特定することができなければ、本来、測定器を置く位置も決めることができない。そして、画像上では対象となる空間の長さは不均一であるから、わずかな位置のずれが、長さの大きな違いをもたらす。この手法ならば、求めたい推定値を先に決めておいて、それに合うよう適当な位置に測定器を置くことで、任意の数値を出すことが可能である。要するに、結論を先に決めておいて、それに合わせた「推定値」を出すことができる手法であって、「推定値」の名に値するような代物ではない。法廷では、小川博士に科捜研の手法の不合理性を分かりやすく論証してもらった。

3　耳の形の識別

次に、耳の形状について見て行こう。耳の形状は万人不同であると考えられ、近年、耳の形状による個人識別の研究が進められてきている。その意味では、第1部で述べたように橋本教授が耳の形状に着目したことは、それ自体不合理ではない。ただ橋本教授は、解像度の意味を理解しておらず、画像から識別できないはずのものを識別できるという前提で話をしている。要するに、これも先に結論を出して、あとは適当にもっともらしい説明を加えればよい。画像からは識別できないのだからどうとでも説明がつくし、裁判官も裁判員も、解像度だとか画素だとかいってもどうせ理解できないだろうから、専門用語を適当にちりばめれば思うように言いくるめることができる。それが橋本教授の手法であった。

一方小川博士は、まず画像から耳の細部の形状比較は不可能という事実を直視した。そこで、比較の対照を、外耳の輪郭に置いた。これなら数cm単位の大きさのものの比較になるから、解像度による制約を受けない。比較方法としては、不定形のものの比較に一般に用いられる形状係数という尺度を用いた。これは、計測対象とするものの面積を、その最大長の2乗で割るという単純な方法で計算することができる。最大となるのは円で、細長くなるほど数値が小さくなる。計測対象の面積や最大長は、画像上の画素数をカウントすることで、恣意を排して、正確に算出することができる。これも、合理的で初歩的な手法であって、もしその計算に疑問があれば簡単に再現できるし、経験に左右されるものでもない。あとは、比較するのに適当な犯人と赤嶺さんの画像（できるだけ耳が正面から写っているもの）を選び、画像処理によって機械的に計算すればよい。もっとも外耳の輪郭という大まかなものの比較であるから、誤差が生ずることは避けられないので、相違が小さければ識別方法としては不適ということになる。しかし計算結果は、犯人のそれが0・48であるのに対して、赤嶺さんのそれは0・39であって、犯人の耳の形状係数は赤嶺さんより約23％も大きい（（0・48－0・39）÷0・39＝0・2307…）。このことは、両者の耳の形が、はっきりと異なることを意味する（本書50頁の写真参照）。

この手法は検察官も意表を突かれたらしく、小川博士の鑑定書を検察官に開示した後で、急きょ捜査員に作らせた反証を用意してきた。その主張は、小川博士の鑑定では、犯人の画像では人物がやや右斜め方向を向いているのに対して、赤嶺さんの画像ではほぼ真横を向いていて顔の向きが違う。同一人物でも顔の向きが違えば形状係数の計算結果にも違いが出るから、小川博士の計算結果は、犯人と赤嶺さんが同一人物であっても成り立つというものだった。この主張を裏付けるために、捜査員を実験台に使い、小川博士の手法と同一の計測方法を適用して、同一人物でも顔が真横を向いている場合と斜め方向を向いている場合とでは計算結果が違うという報告書を提出してきたのであった。

しかしこの報告書は、検察官の主張とは反対に、小川博士の鑑定の正しさを補強する結果になった。同一のものの形は、真横から見た場合と斜め方向から見た場合とでは当然異なる。斜め方向から見た場合の方が細長く見えるのである。ということは、同一のものの場合、斜め方向から見た場合の形状係数は、真横から見た場合の形状係数より小さくなる。検察官が提出した報告書は、このことを実験的に証明していた。小川博士が比較に用いた画像では、犯人の画像は斜め方向を向き、赤嶺さんはほぼ真横を向いている。したがって、両者が同一人物であれば、犯人の画像では赤嶺さんの画像より形状係数が小さくならなければならない。ところが計算結果は、犯人の形状係数のほうが赤嶺さんのそれより約23％も大きいというものであった。これは、犯人と赤嶺さんとが同一人物ではあり得ないことを意味する。検察官が提出した証拠は、このことを実験的に証明するものだった。

4 小川鑑定を無視した第1審

以上に述べてきたところからだけでも、犯人と赤嶺さんが別人であることを合理的に証明しているといえるだろう。ところが第1審判決は、弁護団の立証は無視するという対応をした。弁護団の立証を視野に入れれば、どうしても上衣のＤＮＡ鑑定は偽りだったという結論に至ってしまうから、それを避けるためには、事実と証拠を無視するほかなかったのではないだろうか。第1審判決は次のように述べて、小川博士の鑑定は信用できないとした。

証人小川は、〔❶〕地形測量関係の専門家であって、画像による異同識別鑑定の経験は極めて乏しく、鑑定人としての適格性に疑問がある上、その鑑定の手法には非合理な点が散見され、小川鑑定の信用性は総じて乏しいものといわざるを得ない。すなわち、①耳の形状係数については、犯人の耳の形状係数を算出するに当たって〔❷〕使用したシルエットの抽出に恣意的なところがうかがえるのであり、算出された数値自体に疑問がある。また、②身長や③肩幅については、これらを算定する前提とされた〔❸〕犯人や被害者の頭部のXY座標自体に信ぴょう性がないこと、〔❹〕広角レンズの歪みを無視して防犯カメラの映像上を計測した数値も用いていることといった看過し難い問題がある（判決文15頁、本書212頁）。

第1審判決が指摘している「疑問点」のうち、❶❷❸は検察官の主張、❹は科捜研職員が証言した事柄である。

❶は証拠も何もない、検察官の、おそらくは意図的な間違いである。小川博士の鑑定書には博士の経歴と執筆した論文リストが記載されている。画像情報処理に関する論文としては、人工衛星画像を用いた地形計測の手法に関する論文が比較的多く掲載されている。検察官は、そこを捉えて、「小川博士は地形測量の専門家であって画像による異同識別の知識はない」と強弁した。小川博士の論文リストと証言を少しまじめに理解していれば、それが詭弁であることはことさら説明する必要もない。第1審判決は、検察官のこの詭弁を平気で追認したのである。裁判員には博士の経歴と執筆した論文リストを見せずに、検察官の強弁を追随した結果としか思えない。

❷は前述したとおり、計算は機械的に行われていて、計算結果に疑問があるなら再現は容易であるから、再現してみればよいのである。検察官は、このことを立証しようとして前述の報告書を提出してきたのであるが、それは逆に小川博士の鑑定の正しさを証明するものだった。第1審判決は、検察官の立証結果を無視し、その主張だけを証明抜きで採用したのであった。

❸については、何がどう信ぴょう性がないのか、何の論証もないので反論できない。「問答無用」ということであろうか、抗弁しようがない。

❹は、科捜研職員が証言したことであるが、科捜研職員は、自己の証言した批判（広角レンズの歪みを無視して防犯カメラの映像上を計測した数値を用いている）が、そのまま自らの手法（画像の中で計測器を置く手法）に対する批判になることを、おそらくは意図的に無視し、反対に小川鑑定に対する批判になるかのように証言した。小川鑑定は、この問題を避けるために、空間角度を用いた計測を行った。第1審判決は、小川博士の証言を単純に無視したのである。

5　髪型の相違

第1部で詳しく述べたように、犯人が「伸びたパンチパーマのような」髪型であったことは、証拠上、明らかであるといってよい。

被害者Bさんは、弁護人から犯人の髪型を質問され、誘導されることもなく「伸びたパンチパーマのような」髪型であったと証言している。犯人と揉み合ったBさんは犯人の髪型を目と鼻の先の距離で見ているのであるから、犯人の髪型を正確に認識していることは疑いない。また「伸びたパンチパーマの様」という特徴的な髪型であれば印象にも残りやすく、記憶の正確性も高いだろう。そして、検察側申請の証人として証言したBさんが、誘導されることもなく「伸びたパンチパーマの様」と、検察にとっては不利な証言をしているのであるから、その証言は記憶を正確に再現したものといってよい。したがって、Bさんの証言は、防犯カメラの映像なしでも、それだけで高度の信用性があるといえる。

これに加えて防犯ビデオ映像がある。映像では、カメラ5の場面で犯人は帽子を被っておらず、髪型はカメラ5の犯行場面全体を通して観察できる。解像度による制約もあるが、「伸びたパンチパーマ様」の髪型であることは、殊に、鮮明化した映像からは十分に観察できる。

つまり、犯人の髪型が「伸びたパンチパーマ様」であったことについては、目撃証言と防犯ビデオ映像という2つの信用性の高い直接証拠が、一致して証明している。この事実は、合理的疑いを容れない程度の証明といってよい。

一方、赤嶺さんの髪型がこれと異なることも、高度の証明に達しているといってよい。第1部で理髪店店主Qさんと当日赤嶺さんに会ったSさんの証言を紹介したが、そのほかにも、証言した赤嶺さんの知人5名が、すべて、赤嶺さんの髪型は「短いスポーツ刈り」か、「短い、あっさりした髪型」だと証言している。「伸びたパンチパーマ様」の犯人とは、明瞭に異なる。

しかも、ここでも検察官が提出した証拠が、弁護団の主張を裏付けていた。警察は、2009年5月中旬ころから赤嶺さんに嫌疑をかけ、その様子を窺っていた。検察官は、その中で、5月15日、5月23日、6月8日にパチンコ店で撮影された赤嶺さんの写真を証拠として提出していた。検察官の立証趣旨は、赤嶺さんがパチンコに興じている様子から、金銭を浪費している様子が窺えるというものであった（その立証趣旨自体、犯行自体の証拠から目を逸らさせ、偏見を植え付けようとしているのに過ぎないといえる。実際のところ、赤嶺さんはパチンコがあまり好きではないと語っており、当人は熱中せずに席を離れて他の客のパチンコ台を見回っている姿が映し出されている）が、その写真は、検察官の意図を離れて、赤嶺さんの髪型が「伸びたパンチパーマ様」ではないことを裏付けているのだった。

要するに、髪型の点からいっても、その点だけをとっても犯人と赤嶺さんは別人といってよかった。ところが第1審判決は、ここでも、単純に、弁護団の立証は無視するという態度をとった。髪型の相違という弁護団の主張について、第1審判決は次のように述べている。

髪型に関する主張については、そもそも〔❶〕防犯カメラの映像から犯人の髪型が伸びたパンチパーマであるとは断定できない上、証人Q〔理髪店店主〕が平成21年3月半ばに被告人を散髪したと供述している点は、〔❷〕同証人が普段1、2か月毎に散髪しているとも供述していることなどに照らすと信用することができない（判決文15頁、本書212頁）。

❶については、弁護団は、「防犯カメラの映像から断定できる」などという主張はしてない。防犯ビデオ映像と目撃証言が互いに補強しあうことで高度の証明の域に達していると主張しているのであるが、目撃証言の方は単純に無視されている。第1審判決が、犯人の髪型について真剣に検討した跡は窺うことができないのである。なお、第1審判決後の2012年9月に発売された画像解析ソフト AccuSmart Vision Standard は、既に全国の捜査機関が導入を進めているところであり、海外でも、ニューヨーク市警が既に導入しているとの話だが、このソフトで本件防犯ビデオ映像の鮮明化を試みたところ、鮮明化前ははっきりとわからなかった画像であっても、犯

人の髪型がパンチパーマ様であることが確認できたのである。技術の進化によって冤罪が解決する可能性を実感できた瞬間だった。

❷については、論旨が不明である。普段1、2か月毎に散髪しているということが、なぜ平成21年3月半ばに散髪した（その事情についてもQさんは具体的に詳しく証言した）という供述の信用性を失わせるのか、何も説明がないため、反論しようもない。室外で、時には炎天下で仕事をしなければならないという職業柄、普段1、2か月ごとに散髪しているということは、それなりの頻度でその理髪店に通っているということだから、その時期が平成21年3月半ばであっても何もおかしくない。しかも、常識的に考えれば、普段1、2か月ごとに散髪しているのであれば、赤嶺さんが「普段短い、あっさりした髪型」であったことを裏付ける証言であるから、それ自体が、赤嶺さんと犯人の髪型が違うことを裏付ける証言といえる。またここでも、検察官が提出した写真による立証は単純に無視されている。

6　犯行状況と証拠の整合性

防犯ビデオには犯行状況の一部始終が写っているから、防犯ビデオ映像を見れば犯行中の犯人の行動のほぼすべてが分かる。したがって、本件のすべての証拠は、防犯ビデオ映像と照らし合わせて、矛盾点や不自然な点がないかがチェックされなければならない。そのような観点から防犯ビデオ映像を見れば、2つの大きな疑問点がすぐに思い当たる。

①赤嶺さんが犯人なら、犯行現場に赤嶺さんの痕跡が何も残されていないことは考えがたい。犯人と被害者は現場で相当激しく揉みあっているし、犯人は建物内で動き回っていて、その行動も分かるのであるから、ビデオ映像と照らし合わせながら現場の遺留物を探していけば、髪の毛や細胞組織片など、何か犯人の遺留物が見つかるはずである。とりわけ、映像から犯人は素手と考えられるから、犯人が触れた場所を丁寧に探していけば、必ず犯人の指紋が残されているはずである。現に被害者も、犯人が金庫の鍵が入った箱に触れたのを見て、「よし、これで指紋が付いた」と思ったと供述している。ところが現場からは、指紋を含め、赤嶺さんの痕跡は何も発見されていないのである。仮に、透明なゴム手袋を着用していたとすると、被害者の口にガムテープを巻きつける作業は手こずったはずである。しかし、防犯ビデオ映像からも被害者の証言からも、そのような「手こずり」を見てとることはできない。また、仮に透明であってもゴム手袋を着用していればビデオ映像にも手袋が映り込むことは実験済みである。本ビデオ映像ではそのようなものは映っていない。

②カメラ5では、犯人が被害者の頭部を抱え込む場面が観察できる。検察官の主張は、その際被害者の口が犯人の右袖口に触れ、被害者の口紅と唾液が右袖口に付着したというものであった。ところが映像を見ればすぐに分かるのは、犯人が右腕で被害者の頭部を抱えたのはほんのわずかな時間で、被害者の頭部を抱えているほとんどの部分は、左腕で抱えていることである。このことから見れば、右袖口に被害者の口が触れる可能性がないとはいえないにしても、左腕部分からも被害者の痕跡が発見されなければ明らかに不自然である。

要するに、赤嶺さんが犯人なら、防犯ビデオ映像の犯行状況から見て当然出てこなければならない証拠が出てきていない。これは、赤嶺さんが犯人でないことを、少なくとも側面から補強する事実である。

しかし第1審判決は、ここでもやはり「問答無用」というに等しい強引な理屈で弁護団の主張を撥ね付けた。以下に、まず指紋の問題から（判決が指紋以外の痕跡の問題は無視していることは判決がいかに歪んでいるかの証左であることは言うまでもない）、第1審判決の言い分を見て行こう。

本件犯行に際し、帽子やマスクで顔を隠し、本件けん銃様のものやロープ等を準備した犯人が、素手で本件景品買取所内の多くの物に触れるようなことをするとはにわかに考えがたく、薄手の透明なゴム製手袋といった一見素手に見えるような手袋をしていた可能性は否定できない。また、犯人が素手で触れたとしても、手指や付着面の状態如何によっては、12箇所の特徴点を確認することができる対照可能な指掌紋が遺留されないことはままあり得るところ、被告人の手が多汗であったため、指掌紋が付きにくかった可能性がうかがえる（判決文22頁、本書２０５頁）。

ここでは、明らかに赤嶺さんが犯人だという結論が先にある。結論を先に立ててしまえば、整合性は二の次で、何か説明が付きさえすればよい。そういう理由付けである。このような論理をまともに相手にしても、水掛け論にしかならない。しかし防犯ビデオ映像を見ながら冷静に考えてみるがよい。この犯行状況で、現場から赤嶺さんの痕跡が何も出てこないのは何かおかしい。偏見なく中立的に証拠を検討しようとすれば、そう考えるのが当たり前の態度であろう。裁判所がそのような当たり前の態度をとらず、被告人を犯人と決めつけることが冤罪を作り出すのである。

次に、上衣の左腕部分から被害者の痕跡が発見されていないことについては、判決は次のように言っている。

本件上衣の右袖口部分は、被害者の証言や防犯カメラの映像、本件赤色付着物の形状等からして、被害者の唾液が検出されて然るべき状況であるのに対し、それ以外の部分については、被害者の唾液が検出されないことが特段不自然といえる状況にはない（判決文11頁、本書216頁）。

これも「問答無用」で反論しようのない理由付けである。判決が、（右袖口からは）「被害者の唾液が検出されて然るべき状況」と言っているのは、赤色付着物が被害者の口紅だと決め付けたことによる前提がある。赤色付着物が被害者の口紅だと決め付ければ、判決の言い分も没論理的とまではいえないかもしれない。しかし、第1部で明らかにしたように、被害者の口紅と決め付けた部分で、証拠を無視している。このことは、次章で再度詳しく検討する。

7　上衣の形状

第1審判決は、押収された白色上衣と犯人の着衣の形状を比較して、「同じ型である可能性が高い」と言っている。白色上衣と犯人の着衣の形状に1点でも違う点があれば、それでただちにDNA鑑定の信用性の前提が失われる。

この点について、弁護団は、やはり小川博士の分析に基づいて、両者の色や材質が異なるという鑑定を提出した。しかしこの点は推定の域は出ない。疑問の余地なく異なる点があれば、裁判所といえども認めざるを得ないであろうが、これまで検討してきたように、弁護団の立証については高度の証明をしても無視する裁判所が、推定の域に止まる弁護団の立証を取り入れるはずがない。

他方、第1審判決が「同じ型である可能性が高い」という根拠は、両者の特徴点が一致しているからだという。髪型について「映像が不鮮明なので断定できない」と言って撥ね付けた裁判所は、逆にその不鮮明な映像を根拠に、「特徴点が一致している」と認定してしまった。しかし、一致しているかどうか映像から断定することはできない。

さらに、「両者の特徴点が一致している」というのは、その認定の当否を別としても、不鮮明な映像の比較から、「同型である可能性」があるという程度の立証に過ぎない。その点でいえば、「別の型である」という小川博士の推定も、あり得る可能性として成り立つ。したがって、同じ型である可能性もあるがそうでない可能性も否定できないという結論にならなければならないだろう。とすれば、「疑わしきは被告人の利益に」の鉄則に従って、そうでない可能性の方を採用しておくのが、刑事裁判の常識が教えるところである。しかし、DNA鑑定の魔力に呪縛された第1審裁判所の眼中には、そのような刑事裁判の常識は入ってこなかった。しかも、押収された上衣は量販品であり、まったく同型かつ同色の上衣の全国の出荷合計は、Sサイズで350枚、Mサイズで1215枚であることを、弁護士会の照会を受けて第1審判決後の2012年8月3日付で製造会社が開示した。また、まったく同型ではないが第1審判決が指摘した7つの特徴点を併せ持つ同製造会社の同系色の製品（SサイズとMサイズ）の出荷合計は、全国で1万7643枚であることも同時に開示された。仮に7つの特徴点が一致したとしても、同じ上衣であるとは限らないことが、数値の上で明白となったのである。

そこで章を改め、どのようにして第1審裁判所が、DNA鑑定の魔力に呪縛されたのかを検討することにしよう。

第5章

ＤＮＡ鑑定はどういうものであったか

１　上衣のＤＮＡ鑑定が意味するもの

第1章で見たように、第1審判決で実質的に唯一の有罪証拠とされたのが、上衣のＤＮＡ鑑定であった。上衣のＤＮＡ鑑定の信用性が否定されれば、第1審判決の論理は崩壊する。一見多くの根拠を示しているかに見える第1審判決の構造は、かくも脆弱なのである。では上衣のＤＮＡ鑑定はどのようなものであったか、より詳しく見て行こう。

科捜研の鑑定経過

問題の鑑定書は、赤嶺さんの自宅で押収された白色上衣の右袖口から唾液が検出されたので、そのDNA型を検査したところ、被害者のそれと一致したという内容のものである。鑑定書の作成日付は2009年7月13日、鑑定期間は6月15日から29日までとされている。

上衣が押収されたのは6月11日、犯行日（4月16日）の約2か月後である。赤嶺さんの自宅クローゼット内から、畳まれた状態で発見されている。上衣はその日与那原警察署に保管され、翌12日午後5時ころ、科捜研に持ち込まれている。赤嶺さんが署名させられた「自白」を撤回し、事件への関与を否認したのが12日午後0時ころである。13日・14日は土日で上衣はそのまま科捜研に保管され、15日から鑑定が開始されたことになっている。開示された鑑定ノートによれば、15日のうちに唾液の検査が行われ、DNA鑑定が行われたことになっている。

科捜研の唾液のDNA鑑定方法

ここで、科捜研で行われているDNA鑑定の方法について概要を説明しておこう。DNA鑑定は、細胞に含まれているDNAの型を調べるものである。DNA型を調べるには、STRと呼ばれる4塩基を基本単位とする繰塩基配列パターンが現れるDNA中の特定の部位（座位あるいはローカスと呼ばれる）について、塩基配列のパターンを調べる必要がある。細胞は、通常肉眼では見えない。したがって、まず予備試験で鑑定資料中に細胞が存在する可能性があると考えられた場合に、鑑定資料を試薬に浸してDNAを抽出する作業を行う。次に抽出されたと考えられる（実際には肉眼では見えない）DNAを増幅器にかけ、鑑定に必要なSTR部分の大量の複製を作り出す。この操作をPCRという。そしてPCRによって大量に作り出されたDNAの複製を対象としてDNA型を調べる検査を行う。この塩基配列のパターンは万人不同ではないが、一定の出現頻度（数％から数十％という程度）があるとされ、調べる座位の数が多ければ多いほど鑑定の精度を上げることができる。現在科捜研で行われている手法では4塩基繰返しをもつ15の座位のSTR型と、性別に関するアメロゲニン座位の型を調べるようになっており、15座位＋1の型が完全に一致したときの精度は、少なくとも数千兆分の1という数字になるとされる。

ただしこれは実験室の理想的な環境で行われた場合の話であって、刑事事件で証拠となるような資料を調べる場合、多くの場合、一部分が欠損していたり（不完全資料）、複数人に由来するDNAが混合していたり（混合資料）する。そしてその場合の検査結果の解釈が問題になる場合も少なくない。

ところが本件で問題となっている上衣のDNA鑑定では、検出されたとされるDNA型の判定結果は、高温多湿な梅雨期の沖縄で2か月弱クローゼットに片付けられていたと考えると異和感を禁じ得ないほどに15座位のSTR型とアメロゲニン型すべてについて欠損がなく検出され、他の型の混合もなく、被害者の型と完全に一致していた。だからこそ、第1部で見たように、1𥝱3864京分の1というとてつもない出現頻度が計算されたのである。

したがって、本件で問題としなければならないのは、鑑定の前提となる部分にある。

被害者と赤嶺さんとの接触を証明しないDNA鑑定

鑑定の前提となる部分の問題とは、次のようなことである。

上衣のDNA鑑定は、鑑定期間中に、上衣から被害者と一致するDNA型の唾液が検出されたと言っているだけで、その唾液が、いつ、どのような経緯で検出されるに至ったか、換言すれば、唾液の由来については何も語っていない。そもそもこのDNA鑑定が事件と関連のある証拠といえるためには、少なくとも、検出されたという唾液が、赤嶺さんと被害者が接触したことを示す証拠といえる必要がある。しかし、そのこと（赤嶺さんが被害者と接触したかどうか）については、DNA鑑定は何も語っていないである。したがって、そのことはDNA鑑定以外の証拠によって立証されなければならないことになる。

それだけではない。この鑑定書には、「上衣右袖口から唾液が検出された」という記載はあるが、唾液が検出されたことを証明する資料は何も添付されていない。科捜研職員に対する尋問でも、そのような資料は残していないという。つまり、そもそも「右袖口から検出された唾液」が実在するのかどうかすら、実はこの鑑定書からは分からないのである。

かくして上衣のＤＮＡ鑑定が赤嶺さんの有罪証拠となり得るためには、本来、大前提となる２つの事実が立証される必要がある。①上衣右袖口から唾液が検出されたという事実と、②それが犯行時に付着したという事実である。

ところが検察官は、第１審公判で、この２つの事実について何も立証していない。ではなぜ上衣のＤＮＡ鑑定が有罪証拠と認められたのか。それは、裁判所が、これらの事実を「立証されたことにしてしまった」からである。それはどういうことか。この章では、先に第１審判決のいうところを見てみよう。

2　ＤＮＡ鑑定に関する判決の論理

上衣のＤＮＡ鑑定について弁護団が提起した前述の疑問に対する第１審判決の答えは次のようなものだった。

〔上衣のＤＮＡ鑑定が適正に行われたという〕以上の認定は、主に関係警察官及び科捜研技術職員らの供述によるところ、同人らの〔❶〕各供述はいずれも自らが行った職務行為につき具体的かつ詳細に述べたものであり、その内容に不自然不合理な点は見当たらない上、〔❷〕同人らが偽証という罪を犯してまで敢えて被告人を犯人に陥れようとする動機は認められないことから、いずれの供述も信用性は高いものといえる。〔中略〕

これに対し、弁護人は、押収後の本件上衣に警察官あるいは科捜研技術職員により被害者の唾液が付着させられた旨主張するところ、前記の経過に照らすと、〔❸〕被害者の唾液を本件上衣に付着することが可能な状況としては、被害者の口腔内細胞を採取したアプリケーターチップが保管されていた科捜研に本件上衣が持ち込まれた平成21年6月12日夕方が前記（前記２イ㋒）最も想定されるが、それを行うには関係警察官と科捜研技術職員との共同が必要であって、〔❹〕当時の捜査状況からして同人らがかかる行為をする動機は見当たらず、〔❺〕そのような行為の形跡も全く認められないことからすると、弁護人の主張は何ら根拠がない抽象的な可能性を指摘するものといわざるを得ない（判決文９頁、本書２１８頁）。

判決の論拠となっているのは①から⑤の点であるが、これらは、前述した２つの前提問題、つまり、「上衣右袖口から唾液が検出されたという事実」と「それが犯行時に付着したという事実」について、信頼に足る証拠によって立証されたものではなく、憶測による観念的説明付けに過ぎない。

ここで右の5点の指摘のうち、❷❸❹はともかく、❶と❺は観念ではなく事実の問題と思われるかもしれないが、現実にはそうではない。まず❶について、警察官や科捜研職員は、日常的にDNA鑑定資料を扱っているから、不自然でないように話を整合させることはわけのない作業である。だからこそ本来は、検査が適正に行われたことを証明する客観的資料が必要なのである。客観的資料が提出されないところで、詳細に述べたとか不自然でないとか言っても、その前提についての信頼がなければ、作り話かどうかは分からない。❺については、DNA鑑定は、肉眼で見えない細胞を対象として検査を行うものだから、作為をしてしまえば、そもそも形跡は残らない。だからこそ、ここでも客観的資料による前提事実の立証が必要なのである。

結局、判決の論理は、DNA鑑定それ自体の存在と、警察官と科捜研職員に対する無条件といってもいい信頼とによって、鑑定の信用性の大前提となる2つの重大な事実が、「立証されたことにしてしまった」のであった。

以上のような第1審判決の論理がいかに現実と証拠から目を背けた空虚なものか、そのことを論ずる前に、もう1度、上衣のＤＮＡ鑑定の信用性の「前提問題」について丁寧に説明しておこう。

3 アプリケーターチップとは何か

第1部でもやや立ち入って説明したが、本件の鍵になるアプリケーターチップの問題について、ここで整理して説明したい。

科捜研では、被検者から唾液を採取する道具として、ワットマン社という元はイギリスの会社が開発した採取用キットを使用している。これは、ＦＴＡカードという名称の特殊な保存用紙に唾液を付着させることで、採取した細胞を長期間安定的に保存し、ＤＮＡを抽出する際には、ＦＴＡカードから唾液を付着させた部分を切り出せば、紙に付着した状態のままで抽出作業を行うことができるというものである。ＦＴＡカードに唾液を付着させるためにはまず被検者から唾液を採取する必要があるが、その際に用いられるのがアプリケーターチップである。これは前述のように、先端にスポンジが付いた大型の綿棒のような用具で、スポンジ部分を被検者の口腔内に挿入し、頬の内側（口腔内壁）にスポンジをすり付けて、唾液とそこに含まれる口腔内細胞を採取する。その後アプリケーターチップからＦＴＡカードに唾液を転写するが、その作業は唾液が付着したアプリケーターチップをFTAカードに接触させるだけでよい。

本来、アプリケーターチップは採取した唾液をFTAカードに転写すれば不要になるものであるから、転写後はただちに廃棄すべきものである。廃棄せずに放置すれば雑菌が繁殖して、別の資料の汚染の原因になる。ワットマン社が作成した使用マニュアルでも、転写後はすみやかにアプリケーターチップを廃棄すべきものとしている。

本件では、そのアプリケーターチップが廃棄されないまま警察で保管されていた。その事情について、科捜研職員Kは証人尋問の際、「FTAカードを導入したころは扱いに慣れておらず、転写がうまくできていないこともあったので、バックアップのために保管しておくことになっていた」と証言している。この事件のころにはFTAカードが導入されて5年以上も経っているのだから、Kの証言はそもそも話の前提からしておかしいが、それはさておき、「バックアップのために保管しておく」とは、FTAカードに転写できていなければ、アプリケーターチップから直接、細胞を取って検査していたということだ。アプリケーターチップはそのように使うことができるものなのだ。前述の使用マニュアルによれば、「チップの片側で頬の内側を30秒間擦ります。チップの反対の面で反対側の頬を同様に擦って下さい。歯肉線、頬溝、舌下も擦り、可能な限りの唾液を採取しアプリケーターチップを口から取り出します」とある。

これだけ念入りに採取された唾液中の口腔内細胞は、良好な環境の下であれば数か月以上は安定的に存在しているといわれる。したがってアプリケーターチップも冷蔵庫に入れるなどして保存しておけば、「バックアップ」の役に立つのである。アプリケーターチップから唾液と口腔内細胞を取り出すにはスポンジ部分を蒸留水で湿らせ、スポンジから直接採取すればよい。

4 アプリケーターチップはどこにあったのか

本件では、被害者のDNA型を調べるために、２００９年４月16日に唾液を採取したアプリケーターチップが、４月23日の検査終了後も、廃棄されずに保管されていた。弁護団がその存在を知ったのは、起訴（２０１０年２月17日）の後、検察官の証拠開示によってである。検察官の説明では、アプリケーターチップは、２００９年４月16日から６月29日（上衣の鑑定終了日）までＦＴＡカードとともに科捜研で保管され、６月29日に警察官に引き渡して、その後は与那原警察署で保管されたということになっている。もちろんこれを証明する客観的資料はない。

ところが、第１部で述べたように、検察官が作成したＫの供述調書では、４月16日の被害者の

DNA型検査の際、Kの手許には「FTAカードしかなかった」と明記されている。ということは、アプリケーターチップは最初から与那原警察署で保管されていたのではないか。警察署で保管されていれば、上衣に被害者の唾液を付着させることはわけのない作業である。赤嶺さんが強制された「自白」を撤回したのは6月12日午後0時ころ、11日に押収された上衣を警察官が科捜研に持ち込んだのは12日午後5時ころである。12日午後0時から午後5時にカギがあるかも知れないと、弁護団は考えた。

一方Kは、アプリケーターチップの所在について、公判で次のように弁解した。FTAカードとアプリケーターチップはセットなので、別々の物とは考えていなかった。だから、調書に「FTAカードしかなかった」と書いてあったとしても（Kは、その点は「覚えていない」と言い張っていたが）、それはセットであるアプリケーターチップも一緒にある場合もある。事実、被害者のDNA型を調べたときの鑑定書にも「FTAカードアプリケーターチップのセットである」と書いてある、というのである。

このようなKの説明はいかにも歯切れが悪く、アプリケーターチップは「バックアップのために残しておくことになっていた」という先の供述とも整合しない。したがって腑に落ちないのだが、第1審判決は、この腑に落ちないKの説明をそのまま採用してしまった。科捜研職員には嘘をつく動機はないから、というのが採用した理由である。

5　同じ管理者の下に同時期にあった上衣とアプリケーターチップ

こうして第1審判決の認定によれば、アプリケーターチップは4月16日から6月29日まで科捜研で保管されていたことになった。そして、「作為が行われた形跡はない」から、アプリケーターチップから上衣に唾液が付着させられるようなことはなかった、とされた。

しかし、科捜研で保管されていたからアプリケーターチップが使われたとは考えられない、などという論理は成り立たない。科捜研職員はれっきとした県警察本部の警察職員である。仮に科捜研で保管されていたとすれば、上衣の鑑定期間中、鑑定資料である上衣とアプリケーターチップが同じ管理者の下に置かれていることになるから、作為が行われる可能性があることに変わりはない。

あるいは読者の中には、「科捜研は鑑定嘱託に従って鑑定作業を行うだけだから、被害者の唾液が問題になっていることも分からないはずで、作為を行うことは不可能ではないか」と思う向きがあるかもしれない。

第1審公判では、上衣が与那原警察署から科捜研に持ち込まれたときの状況が再現された。上衣を科捜研に持ち込んだ与那原署員Fは、部外者立入り禁止である法医鑑定室の中に入り、対応した科捜研職員Lに、上衣右袖口の赤色付着物を示して、「ここを調べてほしい」と強調したという。以下にLの証人尋問の際の証言を引用しよう。

弁護人　Fさんは、（上衣の）受渡しをした後に、そのまま科捜研にいらしたんですか、帰られたんですか。

L証人　一緒に、化学の担当者に着衣の口紅を見てもらうために、一緒に法医鑑定室で着衣を広げました。

弁護人　Fさんも一緒に着衣を広げられたんですか。

L証人　一緒にというか、広げたのは私ですけど、そばに立って見ていました。

弁護人　そばにいらっしゃったということは、法医実験室にFさんも入られたということになるんですか。

L証人　入ってもらいました。

弁護人　余り捜査官の方が実験室に入られることはないというお話を、ほかの方から聞いたんですが、このときは実験室に入られたんですか。
L証人　説明のために入ってもらいました。
弁護人　捜査官の方が法医実験室に入られるということは、ままあることなんですか。
L証人　いえ、ないです。
弁護人　このときは例外的に入られたんですか。
L証人　そうです。説明のために入ってもらいました。

要するに、科捜研で上衣を受け渡しする際、捜査員から科捜研職員に対して、「被害者の口紅らしき付着物があるから、そこを調べてほしい」という説明がなされたのである。

6　赤色付着物は何であるのか

赤色付着物の鑑定

第1部で説明したように、白色上衣の右袖口には、人の唇の形のように見えると検察官が主張する、2筋の赤色付着物が存在する。

この赤色付着物について、警察庁附属科学警察研究所（科警研）で調べたところ、赤色付着物には「被害者の口紅と同じ物質が含まれている可能性がある」ことが判明した、というのが検察官の主張であった。第1部で説明したように、科警研の鑑定は科学的な根拠はない。しかし第1審判決は、この根拠のない説明をそのまま採用してしまった。その理由は、科警研の技官は鑑定経験が豊富だから、というのである。鑑定経験が豊富なら根拠のない説明でも採用するということになったら、本来、裁判は成り立たないのであるが。

ところで、警察はなぜか赤色付着物に限って、沖縄の科捜研ではなく警察庁の科警研まで持って行って鑑定を依頼している。その理由が控訴後に判明した。実は、沖縄の科捜研でも赤色付着物の鑑定を実施していたのである。それも科警研で行ったようなでたらめの鑑定ではなく、本格的な微物鑑定（X線解析による元素分析、赤外分光分析、ガスクロマトグラフ質量分析）をやっていたのである。その鑑定書は、検察官の証拠開示リストの中には入っていたが、開示された証拠書類中には入っていなかった。第1審の段階では、検察官は科捜研で赤色付着物の鑑定を実施したという事実自体を伏せていたから、弁護団でも鑑定書の開示漏れを見落としたのである。

控訴後に開示漏れに気づいた弁護団は、この鑑定書と、検査データや鑑定ノート等の関連証拠の開示を改めて求めた。これらの証拠を分析したところ、重大な事実に気付いた。

科捜研の鑑定書の結論は、「鑑定資料の量が少ないので、被害者の口紅と赤色付着物の異同は識別できない」という結論だった。ところが、鑑定書を鑑定ノートと照合しながら読んでいくと、重大な事実に行き当たった。

鑑定ノートを見ると、まず、X線解析による元素分析では、「口紅の元素ではない元素も検出された」と書かれている。この点を鑑定書では、検出された元素を羅列する方法で記載しているので、一見して問題点が分からないようになっている。別の元素が検出されたのなら、当然、別の物質である可能性があると考えなければならない。

次は赤外分光分析である。科警研でも赤外分光分析を行っていたが、第1部で説明したように、物質特性が反映される赤外線領域のスペクトルではなく、「色」しか分析できない可視光線領域のスペクトルを調べていた。これに対して科捜研では、ちゃんと赤外線領域のスペクトルを調べている。その記載は鑑定書も鑑定ノートも一致しており、「口紅のスペクトルと赤色付着物のスペクトルは一致しない」である。つまり物質特性の分析では、両者は「一致しない」という結論になっているのである。

さらに薄層クロマトグラフィーによる分析も行っていて、ここでも赤色付着物と口紅では「同じスポットが確認できなかった」と記載されている。

ここまでの記載だけでも、「赤色付着物と口紅は同じ物とは言えない」という結論にならなければならない。以上のすべてのデータが、両者が異なる物であることを示しているのだから。したがって、「鑑定資料の量が少ないので、異同識別ができない」という結論は、科学者がとるべき態度ではない。

赤色付着物は塗料

しかし、さらに重大な事実が、鑑定書に記載されていない点にあった。鑑定ノートを見ると、鑑定書には記載されていない「ガスクロマトグラフ質量分析」という検査を実施していることが分かる。その検査データも存在する。鑑定書には、実施したはずのガスクロマトグラフ質量分析の結果が記載されていない。一方鑑定ノートには、「赤色付着物では口紅と同じピークは確認されない」と記載されている。そこでガスクロマトグラフ質量分析という分析手法について調べてみると、鑑定資料から化学物質を抽出して、それを熱してイオンガスにして分析を行う手法で、分子単位の、つまり極微量の物質の分析ができる手法であることが分かった。この手法に比べると、鑑定書に記載されている薄層クロマトグラフィーという手法は抽出液を液体のまま分離するだけの手法で、ガスクロマトグラフ質量分析の予備試験的な性格のものであった。鑑定書には、本試験に当たるガスクロマトグラフ質量分析の検査結果が記載されていないのである。鍵はここにあるに違いない。弁護団はそう考えた。

幸いにして検査データは開示されている。しかし、検査データだけを見ても、専門知識がなければその意味するところは分からない。弁護団は、手を尽くしてこのガスクロマトグラフ質量分析の検査結果を分析してくれる研究者を捜した。その結果、薬物分析が専門である福岡大学医学部の影浦光義名誉教授にたどり着くことができた。そして影浦教授が検査データを分析した結果、赤色付着物には「フタル酸ビス（ジ2―エチルヘキシル）」という物質が含まれていることが判明したのである。フタル酸ビス（ジ2―エチルヘキシル）は、合成樹脂を柔らかくする添加物として、塗料などに広く含まれるものである。また、人体には有害な物質であるから、口紅には含まれない。第1部で説明したように、小川博士は、科警研で検査した赤色付着物の「色」（鮮明な赤）と赤嶺さんの生活環境から、赤色付着物は塗料だろうと推定した。その推定が、ガスクロマトグラフ質量分析のデータによって、ほぼ確実な程度にまで裏付けられたのである。

赤色付着物は、極めて高い確度で、塗料と考えられ、口紅でないことは確実である。赤色付着物が被害者の口紅でなければ、被害者と犯人が揉み合った際に右袖口に口紅とともに唾液が付着したという検察官の主張の前提が完全に崩れる。

7 上衣の唾液とは一体何か

改めて上衣右袖口から検出されたという唾液の問題に戻ろう。先に述べたように、実は、「上衣右袖口から唾液が検出された」ことを証明する客観的資料は存在しない。ということは、実際は、そもそも上衣から唾液が検出されたという事実自体が存在しないという可能性も考えられる。「バックアップのために残しておいた」（K証言）アプリケーターチップを用いれば、そこから直接被害者の唾液を採取することができるからである。

実は、DNA鑑定の検査データもそのような可能性を示唆している。前述したように、刑事裁判の証拠となるような資料では、鑑定資料となる細胞は、DNAが分解され不完全な形でしか検出されなかったり（欠損）、他人の細胞が混じっていたりする（混合資料）のが一般的である。ところが被害者の「唾液」のDNA型は、欠損も混合もなく、完全な形できれいに検出されているのである。アプリケーターチップからいったん上衣右袖口に転写しても同様の結果を得ることは可能かもしれないが、データからは、そもそも転写もせず直接採取した可能性も十分考えられるのである。

もっとも本件の問題の解決のためには、アプリケーターチップから直接唾液を採取したのか、それともいったん上衣右袖口に転写したのかは問題ではない。本件の犯行時に付着した物でないことがはっきりすればよいのである。

そして、本件上衣から検出されたと検察官が主張している唾液が、①本当に検出されたこと、②それが本件の犯行時に付着したこと、を信じるに足りる証拠は、何も存在しないのである。

8　捜査の実相に迫ろうとしない第1審判決

第1審判決に戻ろう。先に引用した第1審判決の理由付け①から⑤について、「観念の遊戯に過ぎない」と書いた理由はもうお分かりいただけるだろう。ただ、この章を締めくくるに当たって、第1審判決の中で〈警察官や科捜研職員には偽証や作為をする動機がない〉と述べている点について、少し補足しておきたい。

警察官や科捜研職員は、被告人に特別な恨みでもあるのならともかく、そういう特別な事情もなしに「被告人を敢えて罪に陥れてやろう」と思うはずがない。それが常識的判断というものであろう。だから弁護人も、そんな非常識な主張をするわけはないのである。

しかし、捜査員が被疑者を捕まえて、「この男は犯人に間違いない」と思い込んだらどうするだろう。まずはいろいろな事実を突き付けて、自白させようとするだろう。それでも自白しなかった場合、証拠が足りないとして諦めるかどうかの判断を迫られる。そのとき、「こういう証拠があれば有罪は間違いない」という思いに囚われることは、必ずあるだろう。そのとき「こういう証拠」を簡単に作り出せる方法があるとしたら、捜査員は、「こういう証拠」を作り出そうとする誘惑に強く駆られるだろう。しかもそれが、作っても発覚するおそれが少ないような方法なら、作り出す誘惑はますます強く働くだろう。アプリケーターチップは、そのような誘惑を極めて強く喚起する道具であるに違いない。

第1審判決は、そのような捜査の実相に迫ろうとはせず、警察官らが「被告人を敢えて罪に陥れようとする」という非常識な仮説を立てて、自らそれを否定してみせるという、「観念の遊戯」を弄んだのである。

第6章
赤嶺さんのアリバイ

1　アリバイ証言を偏見・思い込みで排斥した第1審

前章までの説明で、検察官の主張とこれを追認した第１審判決の論理がすでに崩壊したことをご理解いただけたと思う。第２部第１章で書いたように、上衣のＤＮＡ鑑定以外の証拠に関する第１審判決の論理は、赤嶺さんを犯人と決めつけた上での後付けの理屈の域を出るものではないから、ここでことさら煩雑な説明を加えて、いちいちその理屈の非常識や自家撞着を明らかにするには及ぶまい。

ただ最後に、事件が起きたとき赤嶺さんが何をしていたかという点だけは説明しておきたい。私が第１審判決で「これだけはどうしても許せない」と思ったのは、事件当時の赤嶺さんの行動についての、3人のアリバイ証人の証言を、こじつけと非常識な説明で「信用できない」と片付けてしまった点である。それぞれの証人は、真実を明らかにしたいという気持ちで、法廷で、検察官や警察官という権力者の主張に反対する事実をあえて証言するという、普通の市民にとっては非常に大きな勇気が必要な行動をした。第1審判決は、そのアリバイ証人たちの貴重な証言を、「被告人及び被告人の親族は嘘をつくものである」という偏見と思い込みで排斥してしまった。この点についての第1審判決の論理には、怒りを通り越して、ただ深い悲しみを覚えるのである。

2　事件のあった4月16日の赤嶺さんの行動

赤嶺さんの家族

赤嶺さんは、妻の妙子さんと子ども3人の5人家族である。子どもは、上は事件当時25歳の長女真希さん、下は高校2年生の次男龍之介君である。赤嶺さん自身は1級土木施工管理技士の資格を持っていて、独立の土木・建築請負業者として仕事をしており、仕事関係者からは無口でまじめに仕事をする人として評判が良かった。また妙子さんは1級建築士の仕事をしていて、事件当時は那覇市内の建築会社に勤務し、設計業務を担当していた。自宅は事件現場と同じ南風原町内にある2階建ての持ち家である。つまり、赤嶺さん一家は、市民として家族で平穏な生活を送っていた。住宅ローンや仕事関係の若干の借入金はあったが、それは、同じような生活を送る人ならたいていい抱えている程度のものだ。そのような生活状況から考えても、本来、強盗をするような動機は考えられない。第1審判決の、犯行動機に関する認定は、こじつけというほかない検察の主張をただ追認しただけのものだが、前述したとおり、ここでその点について改めてその非常識性を説明する必要はなかろう。

犯行時刻前後の赤嶺さんの行動

当時赤嶺さんは、前年から現場監督を担当していた、八重瀬町《やえせちょう》が発注した法面改修の工事が2月に終わり、完了検査を待っている状態だった。3月には、これとは別に親戚のKさんに頼まれた店舗改装工事も行った。法面改修工事の完了検査は、役場の都合で5月まで延びていた。赤嶺さんは、工事が終わった後も、毎朝8時前後に現場を点検することを日課にしていた。

その日、4月16日も、赤嶺さんは朝8時ころ法面改修工事の現場を点検してから9時前には自宅に帰り、しばらく自室で過ごしていた。実は、前日4月15日は赤嶺さんの50歳の誕生日だった。妙子さんは、赤嶺さんのために好物の「ワンダおばさんのチーズケーキ」を買ってきていたが、その日赤嶺さんは夜間外出してチーズケーキを食べていなかった。16日7時ころ、妙子さんは、赤嶺さんの自室のテーブルにチーズケーキを置いてから出勤した。その時赤嶺さんは、まだ自室で就寝中だった。

長女の真希さんは、当時、妙子さんが勤める建築会社で妙子さんの設計の手伝いのアルバイトをしていた。普段は妙子さんと一緒に車に乗って出勤するのだが、その日は体調不良で、妙子さんと一緒に家を出ることができなかった。2月に流産した真希さんは、2日前に流産後初めての生理を迎え、その生理痛がいつもより強かったのである。妙子さんは真希さんに、欠勤されたら困るので、少し休んで後から出てくるように言って、家を出た。

真希さんにはカ君という婚約者がいて、2人で頻繁に携帯メールのやり取りをしていた。その日も8時28分にカ君から携帯メールが入り、10時4分まで往復11回のメールをやり取りした記録がある。真希さんは8時50分ころからシャワーを浴びた後、赤嶺さんと一緒にチーズケーキを食べた。その後真希さんは、赤嶺さんの車で職場まで送ってもらうことにして、自室で出勤の支度をしていると、9時58分にカ君から自宅に帰り着いたことを知らせるメールが入った。10時3分に真希さんがS君に「お昼寝しといてね」というメールを送ると、10時4分に、「オヤスミ」というS君のメールが入った。真希さんが赤嶺さんと一緒に家を出たのは、その後である。

長電話中に赤嶺さんと会った甥X君の証言

その頃、赤嶺さんの甥のX君は、赤嶺さんの自宅近くの工事現場に立ち寄り、付近の路上に立って、携帯電話で知り合いに電話をしていた。その電話が意外な長電話になった。通話記録によれば、10時13分19秒に通話を開始し13分33秒間通話している。その長電話をしているとき、X君は目の前を赤嶺さんが運転する車が通るのに気付いた。「長電話をしている最中」という記憶がよく残っている。X君は、電話をしながら、通り過ぎる赤嶺さんと会釈を交わしたことを覚えている。事件後2か月以上が過ぎてこの日のことを思い出した理由は、その日が特に記憶に残りやすい事情があったからである。本件の発生のために、周囲が俄に騒然となったからだ。事件後、現場に駆けつけようと、数台の覆面パトカーがけたたましくサイレンを鳴らしながら付近の国道を疾走し、上空には複数のヘリコプターが飛んだ。電話を終えたX君は、河川敷でヤギの草を刈っていたYさんに、「何かあったんかね」と話しかけた。Yさんは、パトカーが国道を通るところを、面識のなかったX君とともに眺めたことを公判で証言している。Yさんの証言についてはまた後述する。

携帯通話履歴からみる赤嶺さんの行動

赤嶺さんが真希さんを乗せて妙子さんの職場に着いたのは、10時50分の少し前である。10時50分に、赤嶺さんは仕事仲間のSさんに携帯で電話をかけている。約束の請負代金を渡す場所を決めるためである。真希さんは、赤嶺さんが携帯で電話をするのを見ながら、車を降りて職場に向かった。次いで赤嶺さんは、法面改修工事関係の打合せのため、携帯で八重瀬町役場や仕事仲間に電話をかけている。これらはすべて、赤嶺さん携帯通話履歴に記録されている。

正午過ぎ。赤嶺さんは近所の資材店に立ち寄り、資材代金3万2441円の支払いをしている。応対したキさんは顔見知りだ。赤嶺さんはキさんに、「端数を負けてくれないか」と聞いた。キさんが、店の規定で10万円以下の代金では負けてはいけないことになっているというと、赤嶺さんは黙って全額を払った。キさんは、いつも無口な赤嶺さんが値引きを求めてきたことがよく印象に残ったが、偶然にもその日は本件でその界隈が騒然としていたため、この日のことをよく覚えていた。

赤嶺さんはその後、Sさんに請負代金を渡す約束をした法面改修工事現場の現場事務所に行き、14時ころ55万円をSさんに渡している。第1部で見たように、Sさんは、その時の赤嶺さんの髪型を問われて、「いつもと同じ、あっさりした印象です」と答えている。

アリバイ証言に関する検察の主張

以上の経過は、携帯電話の通話履歴や関係者各自の証言によって詳細に裏付けられている。本件の犯行時刻は、10時8分ころから21分ころまでの間である。以上の経過が真実であればその間赤嶺さんが現場にいることは不可能で、完全なアリバイが成立する。中でも真希さんの証言の信用性が認められれば、それだけで赤嶺さんが犯人である余地はなくなる。以上のアリバイ証拠は、その周辺の事情まで十分に補強する内容のものといえた。

そこで検察官はどう主張したか。①真希さんの証言はまったくの嘘である。②甥X君の目撃証言については、「長電話の際に赤嶺さんと会釈を交わした」という点は真実かもしれないが、そうだとすれば、赤嶺さんが犯行現場から逃げてくるのを見たものだ。

検察官の主張はこじつけと強弁で塗り固めたような非常識な主張である。犯行現場から逃げてくる犯人が、甥と出会って悠長に会釈を交わしたりするだろうか。また、もし検察官の主張どおりなら、わざわざ甥にそんな証言をしてもらうより、「その日に会った記憶はない」と証言してもらった方が早いではないか。また、犯行時刻後の赤嶺さんの行動も、まったく日常的な行動で、およそ強盗を敢行した後の人間の行動ではない。検察官は、当たり前の人間心理と行動を無視し、赤嶺さんを犯人と決めつけた強弁に固執するのだった。

アリバイ立証を補強する証人

もっとも、以上のアリバイ立証も、客観証拠によって立証し尽くされているわけではない。したがって裁判所が検察官の非常識な主張を追認してしまうおそれもないとはいえない。ところが、さらにアリバイ立証を補強する証人が現れた。X君が長電話をしていたとき、前述のように、付近の河川敷でヤギの餌にする草刈りをしていた農家のYさんが、X君の前を西方向に向かって軽自動車が通過し100mほど先のT字路で停止しているところまでを見かけたというのだ。もし赤嶺さんが現場から自宅に向かって逃げてくるところなら、車は、Yさんの記憶とは逆の方向に走っていくことになる。真希さんやX君は赤嶺さんの親族だが、Yさんは同じ町内に住むというだけの関係で赤嶺さんとは面識もなく、権力を敵にまわしてまで嘘の証言をするメリットなど何もない。

3　アリバイに関する検察官の強弁を追認した第1審

しかしここでも第1審判決は、こじつけと強弁の固まりというほかない検察官の主張を追認してしまった。判決の理由付けを見てみよう。

真希、妙子、Xはいずれも〔❶〕被告人の近親者であり、被告人に有利に証言する動機がうかがわれるところ、まず、被告人の完全なアリバイを述べる真希の公判供述についてみると、同人は本件犯行当日、体調不良で定刻に出勤できず、勤務先まで送るよう被告人に頼んだ旨述べながら、〔中略〕むしろ、〔❷〕出勤前に前日に食べ残したチーズケーキを探し出し、被告人とともに食べたとも述べるなど、その供述内容は、体調不良を訴える者の行動として不自然である。また、真希は、自宅出発後間もなく被告人が誰かに会釈するのを見たとも述べるも、〔❸〕座席シートを倒した状態で被告人の会釈が見えたとする説明は不自然である上、真希は公判供述において、平成21年6月に家族で話し合うなどして本件事件当時の記憶を喚起したとしているが、その後の〔❹〕平成22年2月2日実施の公判前の証人尋問で、真希は被告人が会釈した事実を一切述べておらず、〔中略〕被告人が自宅出発後会釈した事実を述べる真希の公判供述は疑わしい。〔中略〕。

他方で、Xは当公判廷で、被告人方付近において携帯電話で通話中に被告人運転車両と会った旨供述するところ、本件当日午前10時13分から約13分間の通話記録がある上、被告人ら親族と人的関係のないYも、偶然同所付近でXに会って話した旨証言していること等に照らすと、Xが被告人方付近で被告人運転車両に遭遇した事実は一概に否定できない。しかし、

Xは、捜査段階では被告人車両の進行方向等は覚えていないと述べながら、当公判廷では、〔❺〕後でYに聞いて車両進行方向を思い出した旨述べ、〔中略〕供述を変遷させている。確かに、Yは当公判廷で、西向きにシルバーの軽自動車が走行するのを目撃し、他に通行車両はなかった旨述べるが、同人が2年以上前の通行車両を逐一記憶していること自体些か不自然である上、〔❻〕その目撃した軽自動車のほかに、X証言によれば少なくとも同人運転車両も通行していたはずであることとも矛盾している（判決文20頁、本書207頁）。

4　アリバイに関する第1審の問題点

前記の判示は、検察官の強弁をただ追認した非常識極まりないものである。記憶喚起への関係者の真剣な努力と慣れない法廷で勇気を奮って証言する態度に接してきた私にとっては、この判決の非常識と、証人を愚弄する傲慢さに耐え難い思いを禁じ得ない。やがて裁判所が事実と真摯に向き合うときが来ることを信じて、前記判示の問題点を説明することにしよう。

❶の点について。警察官や科捜研職員に対しては、非常識な仮説を持ち出して、その証言が矛盾撞着に満ちた怪しげなものであっても信頼した裁判所が、親族の証言は、虚偽供述の動機があ

ると、始めから疑ってかかっている。偏見を先に立ててしまえば、非常識な説明も非常識とは思えなくなるのであろう。この点を具体的に考え得るために、先に❺のX君の証言について考えてみよう。もし赤嶺さんが現場から逃げてくるところだというのなら、敢えて危険な証言を求めるだろうか。赤嶺さんが自分に有利な虚偽証言を求めるなら、最初から入念につじつま合わせをするだろう。ところが、当初X君は、赤嶺さんの車の進行方向までは覚えていなかった。そこで検察官にも素直にその記憶のままで証言した。その後、Yさんの所在が分かった。Yさんは、車が西方向のT字路で一時停止したのをよく覚えていた。X君も、その日Yさんと会話したことは覚えていた。そこでYさんと一緒に現場の状況を確認したところ、そういえばと思い出したというのである。これは記憶喚起の経過としてまったく自然である。X君は、その経過を、その素朴な性格のままに、法廷で証言した。なるほどX君は、捜査段階の証言で、車の進行方向は覚えていないと供述していた。その時期（2010年2月）は、赤嶺さんが起訴される直前である。当然、供述のポイントが車の進行方向にあることは分かっていた。赤嶺さんに有利な虚偽証言をするつもりなら、この時点でつじつまが合うようにするだろう。つまりこの場合、証言の変遷は、むしろ彼が記憶に素直に従って証言していることを示す事実なのである。そのようなことは、各人の証言を素直に受け止めれば、自然に理解されることである。

❷の点について。生理痛を訴えていたが、痛みを我慢して出勤しようとしている人がチーズケーキを食べたら、「不自然」であろうか。チーズケーキも食べられないようなら、むしろ出勤はできないだろう。また、痛みがあってつらいからこそ、それでも職場へ行かなければならないとき、甘いケーキを食べて自分を盛り立てようとするのはむしろ自然なことではないだろうか。偏見を先に立てれば、どんな非常識な理屈でも堂々と述べられる見本である。

❸の点について。❷と同じことであろう。助手席でシートを倒した状態で、運転者が会釈するのが見えるのが「不自然」かどうか、実地にやってみればよい。私自身やってみたが、ちゃんと見えるものである。

❹の点について。❺のX君の証言と同じことである。真希さんが、敢えて記憶に反して赤嶺さんに有利な証言をするつもりなら、2010年2月の時点でそうするだろう。その上、公判前の証人尋問では、弁護人の立会いは排除されているのだ。つまり、赤嶺さんを疑ってかかっている検察官や裁判官の質問に答えるだけの尋問である。質問されないことまで積極的に証言することは困難であろうし、つじつま合わせをするつもりなら、その時点ですでにしているはずなのである。

❻の点について。非常識も極まっている。Yさんの X君に関する記憶は、通話を終えたX君と

会話するところから始まっている。その前は、河川敷でヤギの草刈りをしていたのだ。X君は、Yさんが河川敷でヤギの草刈りをしているときに車から降りたのだから、Yさんが作業に集中していてX君の車両を見ていなくても「不自然」ではない。

以上のとおり、第1審判決の論理は、矛盾と非常識に満ちたものである。赤嶺さんを犯人と決めつけた上で、無理やり理由を付けようとするのでなければ、このような論理が出てくる余地はない。

赤嶺さんは、無実である。無実の人が有罪判決を受けて刑に服すというようなことは絶対にあってはならない。控訴審裁判所は、2013年6月に上衣の再鑑定と防犯ビデオの鮮明化を行うことを決定した。今度こそ、証拠の証明力を冷静に見極めた公平な判断をされることを心の底より渇望する。

第3部

冤罪に克つ

——刑事裁判の仕組みに潜む誤判の危険性

冤罪をどうやってなくすのか

木谷　明

冤罪（誤判）の危険は、刑事裁判の仕組みのなかに常に潜んでいます。それを克服するためには、「疑わしきは被告人の利益」という刑事裁判の大原則に基づいて判断することが求められています。

はじめに

冤罪といいますと、自分には関係ないことだと思われる方が多いと思うんですね。何か後ろめたいことがある人が捕まっちゃうんでしょと。私には関係ないわ、俺は関係ないぞ、というふうに思われるかもしれません。しかし、決してそうではありません。いつ何どき、自分が冤罪の被害者にされるかはわからない。今回の赤嶺さんもそうなんです。先日報道された、パソコン遠隔操作事件をご覧になるとわかるように、まさかと思ったときに突然警察が入ってきて、連れて行かれ、自白させられる。虚偽自白をさせられることになるわけです。それを裁判所も見抜けない。どうしてそうなってしまうのか。それを、これからお話しいたします。

私は、冤罪はあってはならない、大変な不正義であると考えておりまして、裁判官をしていたとき、冤罪だけは出さないというつもりでやってきました。ところが、私が冤罪は不正義であるといいますと、冤罪も不正義かもしれないが真犯人を逃がすことも不正義じゃないか。どうして冤罪の事ばかり言うのだと、こう言う人がおります。私はまさかそんな風に考えている人がいるとは思わなかったので、そういわれて愕然としました。それは、当然おわかりですね。無実の人を処罰するということは、その陰で真犯人を逃がしてしまうということです。単に真犯人を取り逃がすのとは意味が違います。先日再審公判で無罪となったゴビンダさんの事件（いわゆる東電OL事件）を頭に置いていただければ、すぐわかると思います。国は、ゴビンダさんを無期懲役に処して15年間も閉じ込めただけでなく、真犯人を取り逃がすという二重の不正義をしてしまったのです。冤罪とはいかに大きな不正義であるかというのは、それだけでわかっていただけると思います。

1　なぜ冤罪が起こるのか

1　「刑事裁判で白黒をつける」ことはできない

「裁判で白黒をつける」ということをよくいいますけれども、刑事裁判でできるのは、「黒か、黒でないか」を決めることだけであり、白と黒を選り分けるということは絶対にできないということをまず最初に考えないといけません。ところが、裁判官の中には、俺は有罪と無罪、白と黒は見分けられるというように、過剰な自信を持っている人がかなりいます。裁判員の中にもいるかもしれません。しかし、それを完全に見分けることはできないのです。そのことを最初に説明します。

2　判断材料

まず、判断材料です。裁判において、裁判所、あるいは裁判員を含めてですが、裁判官は証拠に基づいて判断します。証拠には、目撃証言、自白や物証などいろいろありますが、これらの証拠は、かなりいい加減な場合も多いので、真実を語っているという保障はないのです。

たとえば、よくいわれているように、自白には往々にして虚偽が混じります。

目撃証言とか人の証言、これも確かなものではありません。「私は現場であの人を見ました」と言っても、それが真実であるという保障はないのです。証言がどのようなメカニズムで出てくるかといいますと、人がたとえば物を見ますね。見たことを記憶して、それを法廷で述べるわけですね。ところが人には、見る段階での誤り、記憶する段階の誤り、言う段階での誤り、つまり、見間違い、記憶違い、言い間違い、が日常的によくあります。そのような間違いが法廷でも起こるおそれがある。だから、証言を鵜呑みにすることは危ないわけです。中には、その被告人を陥れようと思って、殊更に嘘を言う証人もいます。それを適切に見破るのは、非常に難しいことです。

それでは、物証はよほど確かなものかといいますと、物証も決して万全なものではありません。足利事件では、ＤＮＡ鑑定というかにも万全な客観的証拠のように思われえる証拠が出されたのですが、その証拠はとんでもない間違いでした。裁判所は最高裁まで含めて、全員が間違ってしまったのです。ＤＮＡ鑑定だけではなくて、証拠物については、時々、捜査官が作為を加えることもあります。先日、大阪の村木事件で、検察官は、フロッピーディスクの日付データを書き換えました。事件の捜査では、そういう危険は常にあります。だから、証拠物だからといって、単純に信用することはできません。赤嶺さんの事件についてもその疑いは十分あります。その辺をしっかり見極めないと、とんでもない間違いが起こります。

3　求められる立証の程度

次に、求められる立証の程度という問題があります。裁判では、100パーセント有罪を立証した場合に犯人とされるというわけではないのです。裁判では合理的な疑いをいれない程度に有罪らしく立証すれば、有罪と認定するということになっています。物理学など自然科学の世界では、少しでも疑問があれば、仮説は真実とは認められませんが、刑事裁判の世界では、そうではありません。多少の疑問があっても、その疑問が合理的な疑いに達しない限りは、有罪にするという考え方です。この合理的な疑いをいれない程度というのは非常にはっきりしないですが、結局何だということになると、社会の常識です。常識的に考えて、有罪だと考えてよいときは、有罪と認定してよいことになります。そうなっているので、そこでは白い人が黒く認定されてしまうおそれがあります。常識的にはいかにも犯人のように見える人でも、実際は犯人ではないということが、えてしてあります。「事実は小説よりも奇なり」という言葉がありますが、まさにそうなのです。ですから、裁判所がよっぽど慎重に証拠を調べ、慎重に判断しなければいけないことになります。

4 判断者

最後に、判断者の問題があります。合理的な疑いがあるかどうかを判断するのは、裁判所です。そして残念なことに、裁判所(つまり、裁判官や裁判員)も人間なんですね。神様ではありません。神様がする裁判であれば別ですけど、人間がする裁判は、えてして誤りが起こります。100パーセントの立証がされていなくても有罪認定するわけですから、どうしても間違って有罪認定される人が出てきてしまう。刑事裁判では、10人の罪人を逃しても、1人の無辜《むこ》を罰するなとか、疑わしいときは被告人の利益に判断しろ、とか言われていまして、できるだけ無実の人が処罰されないように配慮はしていますが、それを完全に実行することが難しい。本当は犯人ではないのではないかという疑いが浮上した場合でも、「それはまだ合理的な疑いに達していない」という理由で犯人と認定されてしまう場合がえてしてあるのです。ひとつには、どこまで疑わしければ「疑わしいとき」になるのかという点がはっきりしないんですね。「合理的な疑い」という概念は、抽象的な概念ですから、それを判断する人が、これではまだ合理的な疑いになってないと判断する場合もありますし、ここまでくれば、合理的な疑いの域に達していると判断する場合もあります。抽象的な概念ですから、そこではどうしても判断のぶれがあります。

例のゴビンダさんの事件では、一審は合理的な疑いに達していると判断して無罪にしたのですけど、高等裁判所が、これはまだ合理的な疑いに達してないと判断しました。この程度の疑いでは、被告人は有罪と認定されるべきだという考え方で、逆転有罪判決をして、最高裁もそれを是認してしまった。そこに非常に大きな悲劇のもとがあったことになります。

2 日本の刑事裁判の仕組みとそこに潜む誤判の危険性

次に、日本の刑事裁判の仕組みをざっとご説明します。冤罪というのは、日本固有の問題ではなく、世界共通の問題です。世界中どこに行っても冤罪の問題はあります。ただ、その問題について、日本特有の問題もありますので、その点についてご説明します。裁判のやり方の問題がその一つです。

戦前の刑事裁判では、職権主義といいまして、検察官が調べた結果を全部裁判所に提出することになっていました。裁判所は、提出された記録を全部読み込んだ上で、検察官が調べた結果が正しかったかどうかを検討します。そして、疑問があれば証人を調べますが、そうでなければ、そのまま有罪にするやり方でした。これが職権主義です。ここでは、被告人は当事者でなく、審理の対象です。

それではいけないだろうということから、戦後新たに作られた刑事訴訟法は、当事者主義という概念の下に作られました。これはどういうことかというと、検察官と被告人は、対等の当事者であるという発想から出発します。検察官は検察官の立場で、被告人と弁護人は被告人の立場でそれぞれ証拠を集める。双方が証拠を出し合って、裁判所がこれを公平・公正に判断する。被告人も検察官と同等の当事者ということになりますから、国民の人権が保障されるという考えだったのです。

このように人権を保障したのですから、冤罪がなくなるはずだと思われたのですけども、あに図らんや新刑事訴訟法になっても、冤罪は全然なくならない。次々と冤罪が生じています。有名な松川事件、八海事件、仁保事件。これらは、死刑判決が最高裁で破棄されて、結局無罪になったのですけど、その後、１９８０年代に、最高裁で死刑が確定した事件が、立て続けに4件、次々と再審で無罪になりました。比較的最近でも、足利事件、氷見事件、布川事件、東電ＯＬ事件で、次々と再審が開始されて、無罪判決が言い渡されています。ほかにも冤罪の疑いの強い事件としては、福井の女子中学生殺し事件とか、東住吉の放火殺人事件とか、あるいは有名な名張事件、狭山事件、袴田事件などがあります。

それからもっとおそろしいのは飯塚事件です。この事件では、被告人は終始一貫否認を貫いていたのですが、足利事件と同じやり方のＤＮＡ鑑定が決め手となって死刑判決が確定しました。ところが、被告人は、死刑判決確定後２年で死刑を執行されてしまいました。冤罪の疑いの強い事件で、この事件では現在遺族が再審請求をしていますけども、仮に冤罪であることが分かっても今や取り返しがつかない状態になっています。そういう悲劇はなんとしてもなくさなければならないと思うのです。

有名な周防正行監督の「それでもボクはやってない」という映画がありましたね。皆さんの中にもごらんになった方がかなりおられるのではないかと思いますけど、ああいう比較的刑の軽い事件では、私は日常茶飯事的に冤罪が生産されていると見ています。それは、そうなりやすいからです。死刑とか無期懲役とかいう重大事件ですと、さすがに本人だってそう簡単には自白しないだろうと思われますけど、軽い事件ですと、「どうせ君、これは罰金かせいぜい執行猶予の事件だ、早く認めちゃえ、そうすれば早く家に帰れるぞ」と言われると、被疑者はどうしても、突然の逮捕・勾留で気が動転していますから、家に帰してもらえるんだったら「じゃあもうこれで諦めて自白しちゃおうか。ボクはやっていないんだから、裁判で本当のことを言えば裁判官には分かってもらえるはずだ」という気になるわけです。ところが、重大事件でも、そういうケースがえてしてあることがおそろしいところで、これはまた後で申します。

3　起訴便宜主義

誤判の危険は、日本の刑事裁判の仕組み自体にも潜んでいます。では、どうしてそうなっているのか。そのことについて、次に申します。

起訴便宜主義という考え方があります。検察官は、嫌疑があると認めた事件について、全部起訴しなければならない（これを起訴法定主義といいます）のではなく、嫌疑があっても検察官の判断で起訴しないことができるというのが起訴便宜主義です。我が国はこの起訴便宜主義をとっています。そこで、本人が反省しているとか、被害者が許しているとか、刑事裁判にかける必要がないという場合に、検察官は、起訴しないことができます。それはそれで非常に良いことなのですけれども、検察官が、「証拠はあるが、公判で揺すぶられると無罪になる危険がある」という感じを持ちますと、実際は嫌疑があるのだけれども、起訴しない、起訴猶予にするという現象が出てきます。日本の有罪率は刑事裁判の99・9％であるといって検察官は威張っていますが、検察官がそういうちょっと疑問のある事件は起訴しないことが多い。だから起訴される事件は、有罪に間違いないと思われる事件が大部分になるのです。そこまでは良いのですけども、これが後の裁判に響いてしまう。つまり、「起訴された以上はもう有罪だ」という前提になってしまうものですから、裁判官が、有罪慣れをしてしまって、起訴状を見た段階で、「また有罪事件がきた」と思い込んでしまう。それがおそろしいところなのですね。裁判官がそう思いこんでしまうと、被告人が弁解をしても、「また言い逃れの弁解をしている」と思われてしまうのです。以上が1つ目の問題です。

4 密室取調べ

その次が、密室取調べという問題です。日本の刑事訴訟法では、取調べは密室で行っていいことになっています。密室というのは、被疑者と取調官（それに場合によって立会い事務官）以外、誰もいない部屋ですね。被疑者は、そういう所で厳しい取調べを受けて自白させられるのです。密室ですから、その中でどんなことが行われたかということを、公判で被告人が立証することは難しい。「こんなにひどいことをされたのです」と被告人が言っても、捜査官の方は複数で取調べをしていることも多いですから、証人は何人もいます。彼らが口をそろえて、「そんなことは言っていません。被疑者を諄々と諭して反省させたら涙を流して自白したのです」とこう言います。そうすると、裁判所は捜査官の言い分を信用してしまうことになるわけですね。これが、その密室取調べのおそろしいところです。ひどい取調べを受けている被告人はたくさんいるわけですけども、その取調べの実態が裁判所で正しく認定されることは、そう多くはありません。滅多にないと言ってもいいのです。

5　証拠開示制度の不備

その次が、これも言葉は難しいですけど、証拠開示制度の不備があります。証拠開示とは何かというと、自分が持っている証拠を相手に見せることです。先ほど言いましたように、戦後制定された刑事訴訟法では、検察官と被告人は対等な当事者だから、それぞれが自分に有利な証拠を集めてきて、それを裁判所に提出するということになりました。つまり、検察官は自分の集めてきた証拠の中から自分にとって一番都合のいい、逆に言えば被告人にとって一番都合の悪い証拠を選んで提出し、それに対して被告人も自分に有利な反対証拠を出すということになります。けれども、現在の刑事訴訟法には検察官がどんなに被告人に有利な証拠を持っていても、それを被告人側に見せなければならないという規定がないわけです。そこが問題なのです。

武器の差も圧倒的です。検察官は、警察を使って強制力による捜索・差押えをしますし、被疑者を逮捕・勾留します。そして、参考人を取り調べます。検察官は、そういう強力な武器を持っているわけですね。これに対して、被告人側がどんな武器を持っているかというと、黙秘権と弁護人選任権だけです。しかし、これは検察官の武器と比べると格段に弱いですね。私はこれを「大砲と空気銃の勝負」だと言っているのですけど、そんな大砲と空気銃を戦わせてまともな勝負になるはずがないのです。私は、被告人や弁護人が検察官の手持ち証拠を全部見られるようにしなければ話にならないと思います。

もっとも、裁判員制度が始まるにあたって、刑事訴訟法が一部改正されました。それで、検察官が見せなきゃならない証拠の範囲がかなり広がりました。しかしながら、検察官が持っている証拠を全部見せなければいけないということにはまだなっていないのです。だから、検察官がその気になれば、被告人側に有利な証拠を徹底的に隠しおおせてしまうことだってできます。

つい先日、大阪のほうであった事件では、目撃証人が被告人に不利な証言をしていたのですが、それとは違って、被告人に有利な別の人の証言が捜査報告書に書いてあったようです。検察官は、それは供述調書ではないという理由から、被告人に見せる必要はないとして開示してなかったのですが、そういう捜査報告書があることが後から分かったのです。それで、裁判所もこれはそういう供述をした人を証人として調べましょうということになったけども、その段階では証人は死んでしまっていて、調べることができなかった。そういう衝撃的な事件がありました。このように、現在の法律によっても、証拠開示制度は非常に不備なのです。

6　検察官の上訴権

その次には、検察官の上訴権という問題があります。検察官は、日本では無罪判決が出ても、控訴、上告できるんですね。ところが、英米の陪審制度をとっている国では、いったん無罪判決が出ると、検察官は控訴ができないことになっています。

日本ではどうしてできるのか。

憲法には、「既に無罪とされた行為に対しては、重ねて刑事上の責任を問われない」という規定があります。これは英米法の場合によく似ているのですが、日本では無罪判決に対し検察官が上訴できることは当然であると考えられています。最高裁の判例も「無罪とされた」というのは、地裁から最高裁までの刑事手続で無罪判決が確定した場合を言うという判断を示しています。ですから、検察官は無罪判決に、どんどん控訴します。そうすると不思議なことに、高裁では次々に無罪判決が破られるんですね。被告人側の控訴に対する破棄率と検察側の控訴に対する破棄率とは1対6です。被告人側より、6倍検察官側の控訴が立ちやすい。

なぜ、そうなるのか。検察官はある程度、事件を選んで控訴しているということもあります。ですけども、無罪判決が破られる理由には、先ほど言ったように、裁判官が有罪慣れしてしまって、なかなか無罪判決を書く機会がないという点もあります。無罪判決を書くほうが、有罪判決を書くより難しいんですね。そういう難しい無罪判決を普段書き慣れてない人がたまに書くと、非常に穴のある、できのよくない判決になりやすいんです。そういう判決があると、検察官はねらいすまして控訴し、揚げ足を取ります。揚げ足をとられると、結論が正しくても、いかにも間違った判決のように見えてしまうんですね。そういうことで、高裁は検察官の主張を入れることが多くなる傾向があります。これが、一審の無罪判決が高裁でよく破棄される1つの大きな理由になっているわけです。

7 運用の問題

ここまでが制度の問題なんですけども、運用の問題もあります。まず、先に述べた密室取調べについて述べます。密室の中でのことですから、警察は、やりたい放題にできます。そして被疑者から自白を得てしまう。さすがに、殴ったり蹴ったりということになると、痕跡が残るのでまずいということから、最近は減りました。ですけど、脅かしたり、利益誘導したり、いろんなことで被疑者を自白に導くことは、日常茶飯事的に行われています。暴力を使わなくても、長時間の強圧的な取調べは虚偽自白を引き出すのに十分で、被疑者の神経を圧迫します。実際経験した人に言わせると、本当にどうしても自白しなければならないように仕向けられてしまうようです。その辺の被疑者の心理は、最近、心理学者の研究で明らかにされてきています。現在の辛い取調べから逃れるために、ともかく自白して楽になりたいと考えてしまうのです。そして、一般に裁判所は国民から信頼されていますから、まさか裁判所がこんな嘘の自白を信用することはあるまいという気持ちが被疑者に働きます。

ところが実際公判に行ってみると、裁判所が簡単に自白を信用してしまいます。被告人は、裁判所も検察官や警察と同じだということが分かって、みんな慌てふためくわけです。一連のパソコンの遠隔操作事件の報道を見ると、ＩＰアドレスが一致したのだからおまえに間違いないと捜査官に言われ、結局、本当に身に覚えのない犯罪について犯行の動機までまことしやかに自白させられているということですから、これではどうにもなりません。

8　弁護人の問題

次に、弁護人の問題があります。検察官との武器の差を補うべき力量の問題ですね。法律によって与えられている武器が違うのですから、弁護人はよほどの力量がないと、検察官に対抗できない。検察官は国から給料をもらえますが、弁護人は弁護料で生きているわけです。しかし、大体被告人になる人たちはお金がありません。

そういう状況で刑事弁護をやりますから、なかなか大変です。大部分の弁護士は、民事事件で生活費を稼ぎながら、ボランティア的に刑事事件をやるということになります。それ以外で刑事事件をやるのは、まだ駆け出しで、民事事件の依頼者が十分いない若手の弁護士や私のようなロートル弁護士です。こういう人たちが、これまで刑事弁護の主体だったわけですね。しかし、これでは、なかなか検察官に対抗できません。若手弁護士は、意欲はありますけども、経験が足りません。そういう人が、国から給料をもらい十分な組織力のある検察官と対等に渡り合えるかというと、やはり疑問があります。一生懸命やる人もいるのですが、どうしても連戦連敗になります。いくら頑張っても、どんどん有罪になってしまう。そうなると、弁護士としてやりがいを感じられない。たまには勝てる事件をやりたいと思うのも無理はありません。民事事件の方は対等の立場の市民の争いですから、頑張れば勝てます。ということで、若手弁護士で刑事事件を一生懸命やっていた人は、どんどん刑事から離れていくことになります。若手弁護士の刑事弁護離れ。中堅弁護士になってようやく力がついてきたときに離れていきますから、また若手が投入されるという悪循環になります。これが弁護人の問題です。

9 裁判所の問題

それから、裁判所の問題もあります。裁判官は、真面目だけども世間知らずです。平気で人質司法をします。有罪判決に慣れています。違法捜査の指摘に臆病です。そういうことがいっぱいあります。

日本の裁判官は、司法試験を通った中で、成績優秀な人が採用されているといわれていますから、そんな優秀な裁判官が、どうして冤罪を見抜けないのか、と疑問に思われる方が多いと思います。

確かに日本の裁判官には、優秀な人が多いんです。真面目で努力家だということも間違いありません。だけども、真面目で努力家であるからといって冤罪が見抜けるかというと、そうはいかない。そこが難しいところなのです。むしろ、裁判官は、自分たちが真面目であるだけに、警察官や証人の証言をばか正直に鵜呑みにする、そういう欠点があります。要するに、世間知らずでお人好しだということになります。

先ほどから言っているように、裁判官は、取調べ状況について被告人と捜査官の言い分が食い違いますと、簡単に捜査官の言い分を信用してしまう。それは、捜査官は日夜真面目に努力している、犯罪捜査に取り組んでいる公務員じゃないかという心理でしょう。そういう捜査官たちが、ばれたら偽証罪で処罰されるような嘘をつくはずがないじゃないかと本気で信じてしまうのです。これがとんでもない間違いであることは、皆さんにはご理解いただけると思うんです。

小沢代議士事件では、被疑者が秘密に録音していた録音テープで、検察官が全く嘘の捜査報告書を作っていたということが明らかになりました。でも、これは、録音テープがあったからそういうことが分ったのであって、これがなければ、やっぱり検察官の言い分どおりに認定されてしまったのではないかと思います。おそろしいことです。

「人質司法」の問題もあります。人質司法というのは、被疑者の逮捕・勾留がどんどん認められてしまい、保釈もなかなか認められないことです。裁判官は逮捕・勾留された経験がありませんから、勾留のうえで取り調べられることの苦しさを、本当の意味では理解できない。しかも、起訴された後も、否認している限り容易に保釈を認めない。裁判所は、平気で被告人を何百日も勾留するということになります。被疑者、被告人というのは、いくら弁解しても自分の言い分が通らないことがわかると、これはもうしょうがないわ、もう諦めてさっさと服役したほうが早いわ、という気持ちにもなりかねない。

軽い事件については先ほど申しましたけども、富山の氷見事件の被告人は、身に覚えのない強姦致傷という重い罪を公判でも完全に認めたまま服役してしまいました。ところが、服役中に真犯人が現れたのです。まったくの僥倖です。検察官が再審の請求をして、無罪判決が下されました。自分の言い分をまともに取り上げてもらえないということが、被告人にとって、どれだけ苦痛であるか、その点を裁判所が十分に理解できないというところが問題です。足利事件の菅家さんも、公判になっても第一審の終りころまでずっと事実を認めていました。弁護人にも本当のことを言えなかったのです。これはおそろしいことですね。

それに、先ほど言った裁判官の有罪判決慣れが加わります。裁判官が有罪に慣れちゃっていて、「また被告人が嘘を言っている」という感じで法廷に臨むのです。それから先ほど言ったように、無罪判決が上級審でよく破られることもあります。せっかく頑張って無罪判決を下した裁判官は、検察官に控訴されてその判決が破られてしまうと一体どう考えるでしょうか。「僕はあれだけ一生懸命考えて無罪判決を書いたけども、高裁で有罪だと言われてしまった。やっぱりこの程度の疑いでは無罪にしちゃいけないんだな。これからは、ばかばかしいから、こういう事件について無罪判決するのはやめよう」と考えるでしょう。裁判官は素直ですからね。すぐそういうふうに反省して、次々とまた有罪判決をするようになってしまいます。そこが非常に困ったところですね。日本の裁判官は素直すぎる。私は、有罪判決を平気でする人を有罪判事、無罪判決を頑張ってする人を無罪判事と呼んでいますけども、有罪判事は拡大再生産され、無罪判事は縮小再生産される宿命にあると思います。

さらに、捜査が違法だったんじゃないかというような問題になると、裁判官はますます臆病になります。なぜかというと、そういう問題に切り込みますと、国家権力と対決しなければならなくなるからです。警察・検察っていうのは強大な国家権力ですから、裁判所がこれを相手に真正面から喧嘩するには、相当な勇気がいります。ハラ、つまり胆力がなくてはできません。そういうことは余りやりたくないというのが一般の裁判官の心理ですから、思い切った判断が出にくいのです。しかし実際に、違法捜査はあるのです。私は、覚せい剤の被疑者の尿を警察が第三者の尿と取り替えてしまったとか、採尿びんに第三者の尿を混入させてしまった、という主張が出た事件を続けて2件やりましたけども、2件とも被告人の弁解を採用して、無罪判決をしました。それについて検察官は、控訴しませんでした。やっぱり後ろ暗いところがあったのだろうと、私は思っています。

10 冤罪をなくすためにはどうしたらよいのか

さて、いよいよ結論です。冤罪をなくすには、どうしたらよいか。結論から言うと、名案はないんです。申し訳ありません。でも、少しは前途に希望を持ちたいと思いまして、2つのことを提案します。

1つは、制度の改正です。先ほどから言っているように、現在の訴訟法の最大の欠点は、密室での取調べを許し取調べが可視化されていないということと、それから、検察官が証拠を独占してその全部を相手に見せることが義務とされていないところですね。ですから取調べの全面可視化と手持ち証拠の全面開示、この2つを行えば、かなりの程度、冤罪は減らせるだろうと思います。しかし、その2つを実行すれば冤罪を根絶できるかというと、その保障はありません。そこまでやっても、冤罪はおそらく起こるでしょう。できるだけ冤罪を減らしたうえで、どうしても起こってしまった場合には、それは再審で救済しましょうと、制度はそうなっているはずなのです。ですが今は、再審へ行く前に、あまりにもたくさんの冤罪が出てしまっていて、再審の救済が間に合わない状態です。

あともう1つは、裁判員に対する期待です。皆さんの中にも、これから裁判員になる人がかなりいらっしゃると思うんですけども、私は裁判員には大いに期待しています。というのは、プロの裁判官は、先ほど言ったように、有罪判決に慣れてしまっています。なかなか無罪判決をしないという現実に慣れてしまっています。そういう裁判官と比べて、初めて法廷に立つ裁判員の方々は、弁護人が提起する問題を率直に受け止めることができると思います。弁護人が指摘している疑問、そんなものは問題にならないよ、と裁判官が言った場合でも、初めて法廷に立った裁判員であれば、これはやっぱりおかしいんじゃないですか、常識的に考えるとそれはおかしいですよ、ということが言えるはずなんです。そういうことを言ってもらうために裁判員制度は始まったと私は理解しています。もっとも、最高裁は、そうは言っていませんけど……。ですから、これからの裁判員裁判は、冤罪を防止するうえで、役に立つ制度であり、またそうでなければならないと私は考えています。

どうか皆さん、最終的には「疑わしきは被告人の利益に」という大原則に基づいて判断をするんだということを頭に置いて、事実を認定してください。そして、そのためには、「被告人はシロである」という前提から出発して、検察官は、被告人が犯人であるとする十分な証拠を提出したか、検察官が言っていることが一応もっともらしくても、それだけで有罪を認定して良いのかということを、徹底的に考えていただきたいと思います。これは裁判員に対する、私の期待です。裁判員の方には、それだけの能力があるし、やっていただけるものと思っております。どうぞ頑張ってください。

（きたに・あきら）

ＤＮＡ鑑定の罠――足利事件と南風原事件の教訓

佐藤博史

ＤＮＡ鑑定は事件解決の有力な「決め手」といわれています。しかし、鑑定試料の混同などがあった場合、とりかえしのつかない冤罪を生むおそれがあります。ＤＮＡ鑑定の恐ろしさを明らかにします。

足利事件の菅家利和さんが任意同行された当日（１９９１年12月１日）の全国紙の朝刊で、「幼女殺害容疑者浮かぶ」、「45歳の元運転手」と報じられました（特に、読売新聞は１面トップで報じました）。そして、菅家さんがその日のうちに自白して逮捕されたために、翌日には、すべての新聞で大きく「足利事件・元保育園運転手を逮捕」、「ＤＮＡ一致で自供」などと書かれました。私も、このとき、ＤＮＡ鑑定によって一挙に解決したはじめての事件として足利事件のことを知ったのです。その後、足利事件は、ＤＮＡ鑑定が決め手になって解決した事件として喧伝されました。「否認突き崩した科学の力」、「難航捜査一気に解決」、「スゴ腕ＤＮＡ鑑定」、「園児殺害捜査の決め手」などと書かれたのです。こうして、「ＤＮＡ鑑定神話」が生まれました。当時の警察庁の鑑識課長だった岡田薫氏は、「DNA鑑定の現状と展望」と題する論文で、「先般、科警研が行ったDNA鑑定の結果が、足利市の事件の有力な決め手となった」と書いています。足利事件は、科警研あるいは警察にとって、長い間、「金看板」でした。

南風原事件も、同じくDNA鑑定が「決め手」となって起訴され、第1審で有罪判決が下されました。あとで詳しく触れるように、このDNA鑑定には多くの疑問があります。DNA鑑定は本当に決め手といえるものだったのでしょうか。はじめに、私が担当した足利事件とはどういうものだったのか、その中でDNA鑑定はどういう役割をしたか、そして、足利事件から学ぶべき教訓は何かをお話ししたいと思います。

足利事件とDNA鑑定

1　足利事件とは

足利事件とは、１９９０年5月12日に栃木県足利市で起きた幼女誘拐・殺人・死体遺棄事件で、事件から1年半後の１９９１年12月１日、当時45歳だった菅家利和さんが、ＤＮＡ鑑定を決め手に任意同行され、その日のうちに自白して、逮捕・起訴された事件です。菅家さんは、無期懲役に処せられ、最高裁まで争いましたが、２０００年7月に上告が棄却され、服役しました。ところが、逮捕から17年半後の２００９年5月８日、菅家さんが62歳のときに、ＤＮＡ再鑑定によって菅家さんの無実が判明し、検察官は、２００９年6月４日、突如、菅家さんの刑の執行を停止し、釈放したという実に深刻な冤罪事件です。

事件は、１９９０年5月12日の土曜日の午後、栃木県の足利市の中心部で発生しました。国道２９３号線沿いのパチンコ店にお父さんと来ていた松田真実ちゃん（4歳）が行方不明になり、翌13日（日曜日）午前10時20分ころ、近くの渡良瀬川の河川敷で死体となって発見されたのです（真実ちゃん事件）。死体が発見された場所の少し先の川の浅瀬に、真実ちゃんの下着類が詰め込まれた赤いスカートが浮かんでいるのが発見されました。下着類の中に真実ちゃんの半袖下着があり、その背面には一面に飛び散った黄色い斑点が見つかり、すぐに精液と分かりました。警察は、この精液を手がかりに犯人にたどりつこうと考えたのです。

ところで、足利市では、足利事件の前に、同じような事件が起き、いずれも未解決でした。11年前の1979年8月に福島万弥ちゃん（5歳）が市内の神社付近で行方不明になり、6日後に、真実ちゃんの死体発見場所からわずか200メートル離れた渡良瀬川の対岸の河川敷で発見された事件（万弥ちゃん事件）、さらに、6年前の1984年11月に長谷部有美ちゃん（5歳）が足利市内のパチンコ店から行方不明になり、1年4か月後、自宅から1・7キロメートル離れた畑から白骨死体で発見された事件（有美ちゃん事件）です。足利事件は、万弥ちゃん事件、有美ちゃん事件に続く、3件目の幼女誘拐・殺人・死体遺棄事件だったのです。

さらに、菅家さんに対する控訴審判決が下された後の1996年7月に、横山ゆかりちゃん（4歳）が、足利市と境を接する群馬県の太田市のパチンコ店から行方不明になり、いまだに見つかっていないという事件が起きました（ゆかりちゃん事件）。ゆかりちゃん事件は、2010年に殺人事件を含む死刑事件の公訴時効が廃止されたため、現在も捜査中の事件です。

こうして、足利市では1990年5月に3件目の幼女誘拐、殺人事件が起き、市民は不安の底に突き落とされ、「警察は一体どうしているんだ」という警察非難も沸き起こりました。

2 事件解決の「決め手」ではなかったDNA鑑定

ところで、DNA鑑定という捜査技術は、1985年にイギリスで開発されたもので、足利事件が起きた1990年5月にはわが国でいまだ犯罪捜査には用いられていませんでした。つまり、真実ちゃんの半袖下着に残っていた犯人の精液は、DNA鑑定ではなく、血液型の鑑定に用いられたのです。血液型には、血液以外の体液（たとえば、汗、唾液、精液など）から血液型が分かるタイプ（分泌型）と、血液からしか血液型が分からないタイプ（非分泌型）があります。真実ちゃんの半袖下着の精液から血液型を調べてみたところ、B型だと分かりました。つまり、犯人の血液型は、Bの分泌型と分かったわけです。そこで、足利市内に住む成人男性は、任意で唾液を提供するよう求められました。そして、唾液から血液型がB型だった人は、すなわちBの分泌型ですので、事件当日のアリバイを聞かれました。アリバイの曖昧な成人男性は容疑者というわけです。

菅家さんもBの分泌型でした。菅家さんは、事件当時43歳で、幼稚園のバスの運転手で独身、普段は両親と妹さんと一緒に住んでいましたが、週末だけ1人で過ごす家を借りていました。借家にはたくさんのアダルトビデオがありました。事件は、土曜日の午後だったため、菅家さんは借家に1人でいて、アリバイがありませんでした。警察は、菅家さんを容疑者の1人と考え、1990年11月末から尾行を開始しました。尾行を始めて半年あまり経った1991年6月、警察は、菅家さんが捨てたゴミの中から精液臭のするティッシュペーパーを回収しました。警察は菅家さんの精液を入手したのです。

そして、当時、DNA鑑定の研究を開始していた科学警察研究所（科警研）に持ち込み、DNA鑑定を依頼したのです。当時はいまだ研究中だったDNA鑑定ですが、3か月後の1991年11月25日、鑑定書が完成しました。犯人と菅家さんのDNA型が一致したというのです。これが足利事件のDNA鑑定です。そして、このDNA鑑定を根拠に、事件から1年半後の1991年12月1日、警察は、菅家さんを任意同行しました。そして、菅家さんは、真実ちゃん殺しの犯人として追及され、約12時間後についに自白してしまったのです。注意しなくてはなりませんが、菅家さんは、自白したために逮捕されたのであって、DNA鑑定によって逮捕されたのではありません。実際、足利事件のDNA鑑定は、「決め手」にはほど遠いものだったのです。

さらに、無実の菅家さんは、万弥ちゃん事件と有美ちゃん事件も自白しました。驚くべきことですが、真実ちゃん事件で起訴される前日の1991年12月20日、別件2件について問い質されてわずか35分後に「2件とも私がやりました」と自白したのです。3人もの幼女を誘拐して殺したとすれば死刑になると誰でも考えます。しかし、菅家さんは、やってもいない幼女誘拐殺人事件を3件も実に簡単に自白したのです。無実の人が、やってもいない殺人事件を実に容易に自白してしまうという恐怖を教えているのが足利事件です。

菅家さんは、法廷でも自白しました。裁判の途中で一旦は「やっていません」と否認したのですが、すぐ「私はやはり犯人です」と認めてしまったのです。証拠調べが終わったのち、もう一度「私はやっていません」と懸命に無実を訴えたのですが、信じてもらえませんでした。菅家さんの弁護人でさえ、菅家さんは犯人と信じていたのです。

3　誤りを繰り返した裁判所

足利事件の前半の17年間は闇の時代で、裁判所は4度の誤判を繰り返しました。1993年7月7日、宇都宮地方裁判所は、菅家さんに無期懲役の判決を言い渡しました。私は、第1審判決後の1993年9月に菅家さんの弁護人になりましたが、東京高裁は、第1審よりも長く審理をしながら、1996年5月に控訴を棄却しました。ところで、当時、科警研は、科警研のDNA

鑑定では正しく型判定ができないことを認めていました。そこで、私は、菅家さんのＤＮＡ型を確かめてみようと考え、菅家さんの髪の毛を私宛の手紙に封じ込めてもらい、独自にＤＮＡ鑑定を試みました。すると、菅家さんのＤＮＡ型は、犯人と異なる可能性が示されたのです。そこで、私たちは、弁護側の独自鑑定を根拠として最高裁にＤＮＡ鑑定の再鑑定を求めました。１９９７年10月のことで、事件から7年後、公訴時効完成までまだ8年がありました。しかし、最高裁は、ＤＮＡ再鑑定を命じることなく、２０００年7月、上告を棄却したのです。こうして、菅家さんの無期懲役刑が確定し、菅家さんは千葉刑務所で服役を始めました。

私たちは、上告棄却から1年半後の２００２年12月に再審を申し立てましたが、宇都宮地方裁判所は、２００８年2月に再審請求を棄却しました。4つの裁判のうち、私は、一審判決を除く3つで敗れたのです。当時殺人罪の公訴時効はいまだ15年だったため、事件発生の１９９０年5月12日から15年を経過した２００５年5月に公訴時効が完成しました。こうして足利事件の犯人が分かったとしても、もはや起訴できなくなったのです。１９９７年の時点でＤＮＡ再鑑定を命じなかった最高裁の責任は重いと思います。

再審請求が棄却されると世間から見放されるのが普通です。２００８年2月に再審請求が棄却されたとき、私は、「またイチからやり直さなくてはならないのか。自分が生きているうちに果たして菅家さんを救い出すことができるだろうか」と、本当に絶望的な思いに駆られました。

4　クリスマスプレゼントだった再審開始決定

しかし、宇都宮地裁の棄却決定は、「菅家さんの髪の毛が本人のものかどうか分からないから、弁護側のDNA鑑定には証拠価値がない」という誰が考えてもおかしなものでした。そこで、「菅家さんは千葉刑務所にいるではないか。何故裁判所は再鑑定をしないのか」とマスコミが批判し始めました。そして、翌2009年4月から裁判員裁判がスタートすることになっていたことが大きかったと思いますが、それからわずか10か月後の2008年の12月24日の夜、東京高等裁判所は、DNA再鑑定を命ずる決定を下したのです。クリスマスイブで、文字通りクリスマスプレゼントでした。こうして、足利事件に光が灯りました。そして、翌2009年5月8日にDNAの再鑑定書が交付され、菅家さんの無実が明らかになり、検察官は、6月4日、突如、菅家さんの無実を認めて、刑の執行を停止し、菅家さんを釈放したのです。そして、その後の6月23日、再審開始の決定が下され、2010年3月26日に、再審無罪判決が下されました。無期懲役で服役している人が、突如、刑の執行を停止されて釈放され、その後に再審開始決定が下されるということは、前代未聞のことでした。

5　自白は虚偽だと見抜けなかった原因

私たちは、何故、菅家さんの自白を虚偽だと見抜けなかったのか。それが足利事件の誤判原因ですが、私は、「DNA鑑定に惑わされ、自白の吟味を怠った」と説き続けてきました。17年かかって、やっと分かってもらえたのです。

菅家さんは、家族に宛てた手紙で、「DNA鑑定は違っています。もう一度調べてもらいたいものです。無実の人間が犯人にされたらたまらないです。全くとんでもないことです」と書いていました。しかし、この真実の叫びは、第1審の弁護人には届きませんでした。足利事件の冤罪の責任は、残念ながら、弁護人にもあります。菅家さんは、「無実」と書いた自分の手紙を法廷で示されて、「無実というのはやっていないということです」と泣きながら訴えたのですが、誰にも信じてもらえませんでした。そして、驚くべきことに、弁護人は、菅家さんに裁判長に謝罪する上申書を書くよう助言しました。「私が家に出した14通の手紙は、家に心配をかけると思い無実と書きました。公判の時に極刑と読んでいるのを聞いて怖くなってやってないと話しました。

本当に申し訳ありませんでした。どうかお許しください。裁判長久保眞人殿」。菅家さんは、上申書にそう書き、再び、法廷で自白しました。

ところが、結審後、菅家さんは、弁護人に「私は真実ちゃんを殺していません」と手紙を書き、無実を訴えました。手紙の最後に「これからどうしたらいいでしょうか、先生教えてください。私は今辛くてしようがありません」と書いたのですが、弁護人がしたことは、弁論再開の申立てをして、被告人質問をしただけでした。何故、第1審の弁護人は、せめて二度目の無実の叫びで目を覚まさなかったのか。足利事件は、私たち弁護士にも重い問いを投げかけています。

私が菅家さんの弁護人になったのは、「DNA鑑定と刑事弁護」という論文を法律雑誌に書いたことがきっかけです。しかし、第1審の弁護人から菅家さんは犯人と聞かされていた私は、菅家さんを弁護することに最初は乗り気ではありませんでした。しかし、菅家さんと初めて接見しておそらく30分も経たないうちに、私は菅家さんの無実を確信しました。何故無実を確信したのかと思い返すと、真実ちゃん事件の犯人は、疑いもなく、小児性愛者ですが、小児性愛者の弁護をしたことがある私には、菅家さんはそうではないことが簡単に見抜けたからです。菅家さんを1年間も尾行していた警察官にも分かっていたに違いありません。しかし、DNA鑑定が警察官の目を曇らせてしまったのです。

南風原事件とDNA鑑定

1　南風原事件とは

南風原事件は、足利事件から19年後の2009年4月16日に発生した事件で、南風原事件から3週間後の5月8日にはDNA再鑑定によって菅家さんの無実が明らかとなり、さらに1か月後の6月4日には菅家さんが釈放されましたので、南風原事件と足利事件は重なり合うところがないように思えます。

というよりも、菅家さんが釈放されて1週間後の2009年6月11日、赤嶺武さんは逮捕されたわけで、足利事件が冤罪と分かったときに、南風原事件が始まったということができます。

しかし、赤嶺さんは、7月2日、処分保留で釈放されました。ところが、赤嶺さんは、翌2010年2月17日在宅のまま起訴され、起訴後勾留されたものの直ちに保釈されました。足利事件の再審無罪判決でDNA鑑定には証拠能力がないとされたのは、それから28日後の2010

年3月26日のことでした。そして、赤嶺さんは、２０１１年9月16日、裁判員裁判によって有罪とされ、懲役8年を言い渡されたのです。

では、足利事件から南風原事件を見ると、何が見えてくるのでしょうか。

2 足利事件と南風原事件の共通点と異なる点

足利事件と南風原事件には、共通点があります。ＤＮＡ鑑定が決定的証拠になって、第1審の有罪判決が下されたことです。二つのＤＮＡ鑑定は、その間に20年近くの間隔がありますので、方法も技術水準も異なっています。しかし、ＤＮＡ鑑定が「決め手」のように見えている点では同じです。

異なる点は、足利事件は、菅家さんの無罪が明らかになるまでに17年半もかかりました。しかし、南風原事件は、これから控訴審が始まろうとしている段階です。南風原事件で足利事件の過ちを繰り返してはなりません。

足利事件では菅家さんの捜査段階だけでなく、公判段階での自白が有力な有罪証拠でしたが、南風原事件ではそうではありません。南風原事件で、赤嶺さんは、一度自白したのですが、岡島実弁護士という素晴らしい弁護人に支えられて、直ちに自白を撤回し、否認を貫きました。検察官も、赤嶺さんの自白を有罪証拠とすることは撤回しました。つまり、南風原事件では自白は証拠ではありません。南風原事件の有罪証拠は、ＤＮＡ鑑定を含む情況証拠、すなわち間接証拠だけなのです。

3　防犯カメラ映像は何を語るか

南風原事件の最大の特徴は、現場にあった防犯カメラが犯人の映像を捉えていることです。足利事件と南風原事件は、ともにパチンコ店が関係していますが、足利事件が起きた１９９０年当時は、パチンコ店には防犯カメラは設置されていませんでした。しかし、南風原事件の場合には、現場に防犯カメラが設置され、犯人が被害者と揉み合っている場面を含む約13分間の映像が残されました。

さらに異なる点ですが、足利事件では、ＤＮＡ鑑定と自白のために、菅家さんは、両親や兄弟、親戚からも見捨てられ、孤立無援の状態に置かれました。無実を訴える手紙は、真実の叫びではなく、家族から見捨てられないためだったと考えられた素地は、残念ながら、あったのです。しかし、南風原事件の場合、防犯カメラの映像を見た奥さん、娘さん、姉妹、知人が一致して、防犯カメラが捉えた映像は赤嶺さんではないと断言しています。防犯カメラの映像は、残念ながら、誰の目にも赤嶺さんではないと直ちに分かるものではありません。しかし、ある人物を日頃から知っている場合には、おぼろげな映像からもその人かそうでないかは容易に分かるように、赤嶺さんを知る人は、誰一人例外なく、防犯カメラの映像は赤嶺さんではないと確信をもって証言しています。もし赤嶺さんが真犯人だとすれば、たとえ身内でも、赤嶺さんは犯人ではないと公言することは憚られるのではないかと思いますが、そうではないのです。つまり、DNA鑑定の結果が何であれ、赤嶺さんを知る人には赤嶺さんが犯人ではないことは防犯カメラの映像に照らすだけでも明らかなのが南風原事件なのです。

また、そのためですが、検察官は、防犯カメラの映像を有罪証拠とはしていません。防犯カメラの映像は不鮮明で、有罪証拠になり得ない、しかし、赤嶺さんが犯人であることと矛盾しない、という消極的な主張に終始しています。検察官は、なぜ真犯人が映っている防犯カメラ映像を強力な有罪証拠にしないのか。できないからだと思います。

4 疑わしいDNA鑑定

さらに、南風原事件のDNA鑑定は、犯人が現場に遺留した毛髪などのDNA型と赤嶺さんのDNA型が一致したというのではありません。赤嶺さんの自宅から押収された白色の上衣の袖口に赤色付着物が見つかった、それは被害者の口紅ではないかと考え、その付近からDNAを抽出したところ、そのDNA型が被害者のDNA型と一致したとされているのです。

では、南風原事件の場合、犯人が現場にDNA鑑定資料を遺留した可能性がないのかといえば、そうではなく、たとえば、犯人が被害者と激しく揉み合った際に落としたに違いない毛髪、被害者の衣服などと犯人の接触箇所に残された犯人の細胞片、犯人がドアなどに触れた際の細胞片、犯人が被害者の口をふさぐため使った粘着テープに残された犯人の細胞片など、むしろ、犯人が現場に遺留したDNA鑑定資料は豊富にあるはずです。DNA鑑定資料だけでなく、現場から発見された指紋や足跡などで赤嶺さんに一致するものはありません。

そうであるのに、何ゆえに、被害者のDNAが赤嶺さんの上衣の袖口から発見されたことになっているのか。しかも、その袖口は、防犯カメラの映像では、左腕の袖口でなくてはならないはずなのに、何故か、右腕の袖口です。しかも、警察がDNA鑑定を行った時点で、被害者は自分の口腔粘膜を警察に提出しており、被害者のDNAは、既に警察の手中にあったのです。実際、現在、赤嶺さんの上衣の袖口の赤色付着物には口紅には含まれていない成分が含まれ、口紅ではなく塗料ではないかという疑問が浮上しています。

南風原事件のDNA鑑定は、足利事件のDNA鑑定とは異なって、最新鋭のDNA鑑定です。しかし、どこかで大きな間違いを犯したDNA鑑定である可能性が高いという意味では足利事件と同じく、実に疑わしいDNA鑑定なのです。

南風原事件と足利事件が異なる点はほかにもあります。菅家さんは、逮捕以来拘束され続けましたが、赤嶺さんは、一度逮捕されましたが、検察官は、起訴できず一旦釈放し、在宅のまま起訴し、起訴後勾留された後、直ちに保釈が認められ、保釈の身で裁判を受けました。残念なことに、裁判員裁判で有罪とされ、懲役8年の実刑判決を下され、収監されてしばらくは保釈が認められませんでしたが、木谷明弁護士を始めとする弁護人の努力で、福岡高裁の本庁が異議申立てを認めて、控訴審でも再び保釈が認められ、赤嶺さんは、再び自由の身で控訴審を闘っています。強盗致傷罪で懲役8年の実刑に処せられた人が控訴審で保釈を認められることは極めて稀なことです。

5 DNA鑑定による冤罪の恐怖

最後に、南風原事件のDNA鑑定について述べなければならないことがあります。検察官は、DNA鑑定の結果を赤嶺さんが最初に逮捕・勾留された段階で得ていたにもかかわらず、赤嶺さんを起訴しませんでした。起訴しなかったということは、DNA鑑定が決定的な有罪証拠ではないことが検察官にも分かっていたことを意味します。ところが、何も事情が変わらないのに、約1年後の2010年2月に、検察官はそのDNA鑑定を基に赤嶺さんを起訴したのです。そして、赤嶺さんは、有罪判決を下されました。しかし、有罪判決は間違っています。私は、第1審の裁判員を恨もうとは思いません。赤嶺さんを起訴した検察官と、赤嶺さんの無実を見抜けなかった裁判官に責任があると思います。裁判員が間違って有罪判決を下したことによるトラウマを考えると、そのようなことはあってはならないことです。木谷弁護士は、皆さんも科学的証拠によって間違って有罪にされるおそれがあることを話されましたが、皆さんは裁判員として冤罪の責任の片棒を担がされるおそれもあるのです。

南風原事件は、裁判員裁判のもとでの科学的証拠なかんずくDNA鑑定による冤罪の恐怖を教える事件で、日本国民全員が知らなくてはならない重大事件だと思います。

しかし、冤罪の救済は、皆さんのバックアップがあってこそ可能です。どうか、皆さんのお力添えをよろしくお願いします。

（補論）司法研究について

2013年3月、黒﨑久仁彦東邦大学医学部教授、岡田雄一、遠藤邦彦、前田巌各判事による司法研究『科学的証拠とこれを用いた裁判の在り方』（法曹会）が公刊されました。刑事裁判におけるDNA鑑定をどのように取り扱うべきかを論じたもので、南風原事件にも重要な意味を持ちますので、補論として、同書について触れておきたいと思います。

1　足利事件など誤判の教訓に学んだのか

さて、同書は、足利事件の衝撃的な結果を受けて開始された司法研究で、当初は、足利事件の無罪判決の翌年（2011年）秋にも発表されるべきものでした。それが1年以上も遅れてしまったのは何故か、その理由は明らかではありません。

しかし、同書の「はじめに」によれば、当初は関係する裁判例の分析・検討を行うべく、科学的証拠を取り扱った裁判例を収集したのだそうですが、「DNA型鑑定のめざましい進歩を目の当たりにするに及び、今後の刑事裁判においてDNA型鑑定を事実認定に用いるに当たっての注意則といったものを導き出すという研究目的からすると、従前の方法によるDNA型鑑定を取り扱った裁判例の分析そのものは、それほど有益とはいえないことが明らかとなり、その結果、本研究の手法を根本的に見直すことを余儀なくされるに至った」とあります（はじめに2頁）。つまり、当初は、過去に学んで科学的証拠に関する注意則を導き出すことを考えたが、DNA鑑定のめざましい進歩に照らすと、それは有益ではないことが分かったというのです。しかし、どのような意味で有益でないのか何も書かれていません。足利事件をきっかけに始められた司法研究であるのに、足利事件のDNA鑑定にはどのような問題があったのかについては何も触れられていないのです（足利事件のDNA鑑定について、詳細は、佐藤博史「弁護人からみた警察庁と最高検察庁の足利事件検証報告書——足利事件が教えるわが国の刑事司法の課題」東京大学法科大学院ローレビュー5巻229頁〔2010年〕をお読み下さい）。

同書は、2012年11月7日の東電OL事件の再審無罪判決を待って、2012年12月に公刊前に内部的に発表されましたが、東電OL事件の教訓もどこにも書かれていないのです。「過去の過ちに学ぶ」ことをしようとしない同書には、根本的な問題があるといわざるを得ません。

さらに、現在のDNA鑑定について、「ほぼ完成の域に達している」とされる」と言い切り（はじめに2頁。さらに、本文139頁には「DNA型鑑定は、解析技法としては完成の域に達したものといえる」とあります）、DNA鑑定そのものに孕まれる問題（特に、陳旧性の資料とキットを使用したDNA鑑定の問題）をないがしろにしていること、科学的証拠をめぐってもっとも重要な論点である「再鑑定の保証」の問題について消極的な見解を示していること（本文7、52～53頁）、科警研・科捜研がいまだ真に捜査機関と独立した「科学的」鑑定機関とは呼べないことに無自覚なこと（「日本における鑑定機関」本文75～76頁）などは、大いに批判されなくてはなりません。

しかし、同書が「科学の権威性に惑わされて無批判にその結論を受け入れて過大に評価してしまう危険」に警鐘を鳴らし、「科学的証拠のどの部分が科学的知見により導かれ裏付けられているのかといった点をも見極めた上で、いわば等身大の姿で刑事裁判に採り入れていく」こと（はじめに1頁）の重要性を説いている点は、大いに評価に値します。

2　南風原事件にとっての司法研究の意義

そして、科学的証拠に関する「証拠開示の重要性」を説き（本文35頁、45〜47頁）、可能であれば、「起訴後の鑑定（再検査・再評価）の必要性」を説いている点（本文48〜52頁）は、本件にもそのまま当てはまります。

つまり、本件で、赤嶺さんの自宅から押収された上衣の「右袖」の「赤色付着物」が口紅と判定され、その部分に「唾液」の付着が認められ、そこから検出されたDNAの型が被害者のDNAの型と「完全に」一致したとされていることの意味は、①防犯カメラの映像から認められる犯人が「左腕」で被害者の顔面を抱え込んだ事実と整合しない、②「赤色付着物」は口紅ではなく塗料の可能性がある、③上衣の「右袖」以外の部分のDNA型は赤嶺さんや被害者以外の第三者のものが混じっている（「右袖」部分の「完全な一致」は極めて不自然である）、④赤嶺さんの上衣のDNA鑑定当時、警察の手元には被害者の唾液を採取したアプリケーターチップが存在し、鑑定資料の混同（コンタミネーション）の可能性がある、などの諸事実と照らし合わせて評価されなくてはならないわけで、「疑わしいときは被告人の利益に」という刑事裁判の鉄則に照らすと、それだけで赤嶺さんを犯人と決めつけることは極めて危険であることが分かります。
今回、裁判所が上衣の再鑑定を決定しましたが、「右袖」の「赤色付着物」が口紅でなかったり、あるいは、その部分に、ファンデーションや唾液の付着が認められなかった場合は、そもそもその部分が被害者の口に当たり、被害者の唾液が付着したという事実を認めることができず、本件DNA鑑定の証明力は大幅に減殺されることになると思います(私の司法研究に対する評価の詳細は、「足利事件からみた科学的証拠に関する司法研究」季刊刑事弁護76号101頁をご参照下さい)。

(さとう・ひろし)

あとがき

2010年2月17日、赤嶺武さんは突然起訴されました。その前年に、DNA鑑定をもってしても起訴し得ず、新しい証拠が見つかったわけでもないというのに、現場遺留品で武さんに結びつくものは何一つないというのに、いったいどういうことでしょうか。そして、翌2011年9月16日、第1審判決は、当初は起訴することも適わなかったDNA鑑定を根拠に、武さんの「本当にやってません」という心からの訴えを無残にも打ち砕きました。

＊

第1審判決後に勾留されてしまった武さんの再保釈を親族以外では誰よりも望み、自らキーを叩いて上申書を作成して下さったのは木谷明先生です。木谷先生の、冤罪被害者が勾留され続けることは許されないという決然たる確信がなければ、武さんの再保釈と、亡くなる寸前の母、カメさんとの再会はあり得ませんでした。実は、司法の宝という趣旨で、木谷明先生が弁護士になられるという近況を岡島に示して下さったのは法医学者の押田茂實先生です。幸い、そのお話をきっかけに、木谷先生の最愛のお父上である著名な故木谷實囲碁棋士と岡島の母方の伯父、故加納嘉徳囲碁棋士が兄弟弟子であるという不思議なご縁があることを知りました。

何より、木谷明先生が選ばれた第3の活躍の舞台の本拠地が、DNA鑑定の問題について日本の弁護士の中で誰よりも確固とした意志を持って果敢に立ち向かっておられる佐藤博史先生の事務所であったことは、南風原事件にとっても最高の幸運と言えましょう。

この他にも、立石雅彦弁護士と岩井信弁護士という、日本の刑事弁護を背負って立つ錚々たる先生方や新東京総合法律事務所の土井和哉、小幡歩、村上詩織弁護士といった瑞々しい先生方に南風原事件は恵まれています。

＊

先生方のお蔭で再保釈も勝ち取れたわけですから、本年1月、私は本人に「今度は武さんの番です」とお伝えしました。実は、武さんを知るすべての人が、そんなこと（強盗致傷）ができる人ではない、と語ります。しかし、武さんの、犯人性とは相容れない、愚直さや優しさを、法廷という限られた空間と時間の中で過不足なく伝えるのは至難の業です。そこで、そういった武さんの本来のありようをありのままストレートに伝える試みで、そして、裁判官が前例に倣わずに自信をもって無罪判決を書くことをしっかりと支えたいとの思いで、起訴から3年目を迎えた2月18日より、武さんは、福岡高裁那覇支部の最寄りの交差点で、本人のみならず奥さんの妙子さんも一緒に、仕事に行く前の午前7時から約30分間、特別の行事が入った1日を除き、土日、祝日もなく、毎日街頭に立ち続けています（本書61頁写真）。

既に8か月が過ぎ、自分の方からも挨拶して下さる方々が増えました。中には、必ず立ち止って手を振って下さる方、愉快な話を心掛けてして下さる方、生来の努力家気質で街路樹の葉っぱを掃き始めた妙子さんを手助けして下さるような奇特な方も現れました。いずれも心温まる出会いであり、赤嶺夫妻がどれほど勇気づけられているかはかり知れません。

もう一つ不思議なことがあります。「街頭行動」の舞台に隣接した樋川には、汪樋川《おーひーじゃー》と呼ばれる琉球王朝時代から伝わる湧水があります。1990年代に水が涸れてしまったようですが、地元の方たちは武さんの「街頭行動」に心揺ぶられ、自らを語るとき、涸れてしまった汪樋川の話をなさるのです。

このような出会いを、是非とも今泉秀和裁判官（福岡高裁那覇支部）や松本貴一朗検察官（福岡高検那覇支部）にも共有して頂きたいと思います。そして、「少なくとも僕は、自分が犯人ではないという真実を知っている」（周防正行監督による映画『それでもボクはやってない』より）という責任の自覚を胸に武さんが心の底から絞り出す「本当にやってません」ということばに、虚心坦懐に耳を傾けて頂くことを、赤嶺夫妻とその親族全員、その友人、知人、仕事仲間、弁護団関係者全員が心より望んでおります。

2013年10月

弁護団事務局　水島　桃子

かしながら、被告人にはこれまでに懲役前科がなく、今回が初めての服役となることなど被告人のために酌むべき事情もある。そこで、近時の量刑傾向も併せ考えると、検察官の求刑である懲役12年は重いと考えられ、被告人に対しては、その有利・不利な一切の事情を考慮した上で、懲役８年の刑を科するのが相当である。

（求刑　懲役12年）

平成23年９月16日

那覇地方裁判所刑事第１部

裁判長裁判官　鈴木　秀行

裁判官　髙森　宣裕

裁判官　横倉雄一郎

めのロープ及びクラフトテープをあらかじめ準備し、変装用の帽子やマスクを着用した上で、周到に本件犯行に及んでおり、本件は計画的な犯行である。また、その犯行態様は、非力な女性従業員一名が従事していた景品買取所に、白昼堂々押し入り、同人に上記けん銃様のものを突き付けるなどして脅迫し、現金を強取した上、同人の口を上記テープでふさぎ、上記ロープでその手足を縛って逃走したというもので、大胆で粗暴かつ卑劣なものであって、極めて悪質である。

⑵　本件犯行により、被告人は600万円もの高額な現金を強取した。その上、被害者女性は、被告人の暴行・脅迫により、身体的苦痛はもとより、人気のない密室空間である本件景品買取所内において、生命身体に対する危機感を味わわされる被害に遭ったのであって、その覚えた恐怖心や不安感の強さは計り知れず、深刻な精神的損害を被った。本件犯行によって生じた結果は重大なものであって、上記従業員が、同買取所専務とともに、当公判廷において被告人に対する厳しい処罰感情を表していることは、至極当然というべきである。

⑶　本件の動機・経緯は、被告人が否認しているため明らかでないが、被告人がその当時定職を得て稼働することなく、愛人と共にパチンコ等に興じるなどの生活を送る中で、金銭に窮した挙げ句に及んだ犯行とみるほかなく、そのような極めて自己中心的で利欲的な経緯や動機に酌むべき点はない。

⑷　被告人は、本件犯行による利得のほとんどを自己の用途に費消したと認められる上、本件の如き重大犯罪に手を染めながら、家族や知人らも巻き込みつつ自らの犯行を否認する態度をとり、些かも反省の情を示さないのであって、犯行後の情状も芳しくない。

3　以上の諸点に照らして、被告人に対する刑の重さについて検討するに、本件犯行態様が極めて悪質なものであり、その結果が重大であること等の事情からすれば、被告人の刑事責任は重いものというべきであり、相当期間の実刑を免れない。しの映像から認められる犯人と被告人の外見的特徴が一致していることや、③被告人が本件けん銃様のものと矛盾しない形状のモデルガンが入っていたと思料される本件空き箱を所持していたことからは、被告人の犯人性が一定程度推認され、その他④犯行動機や⑤本件犯行日前後の被告人の行動を見ても、被告人の犯人性が裏付けられ、あるいは、犯人であるとして矛盾しないことが認められるところである。他方、被告人のアリバイの成立は認められず、その他被告人が本件犯行の犯人であるとして矛盾する事実もうかがわれないから、被告人が本件犯行の犯人であることに合理的疑いを容れる余地はないというべきである。

なお、弁護人は、犯人と被告人が別人であることや被告人にアリバイがあることを看過してなされた本件公訴の提起には裁量権の逸脱があるとして、公訴棄却の申立てをするが、以上認定したとおり、いずれの点についても理由がないから、その申立ては採用できない。

（法令の適用）

罰条

建造物侵入の点　刑法130条前段

強盗致傷の点　同法240条前段

科刑上一罪の処理　同法54条１項後段、10条（１罪として重い強盗致傷罪の刑で処断）

刑種の選択　有期懲役刑を選択

訴訟費用の負担　刑事訴訟法181条１項本文

（量刑の理由）

１　本件は、被告人がパチンコ景品買取所に侵入して現金600万円を強奪し、その際、同所従業員に暴行・脅迫を加えてけがをさせたという建造物侵入・強盗致傷の事案である。

２　検察官が論告において刑を重くするべき事情として主張する諸点は、以下のとおり納得することができるものである。

(1)　被告人は、けん銃様のもの１丁や、被害者を緊縛するた被告人の靴と一致しないことは、被告人の犯人性を否定する事実である旨主張する。

しかしながら、逮捕時に履いていた靴以外の被告人の靴とは、そもそも足跡痕を対照していない上（証人Z）、被告人が犯人であるとしても、被告人方の捜索差押までに被告人が本件犯行時に履いていた靴を廃棄することも十分可能であるから、犯人のものと思料される足跡痕と被告人の靴が一致しなかったからといって、被告人の犯人性は否定するに足りず、弁護人の主張は採用できない。

⑵　被害者を縛ったロープについて

弁護人は、犯人が被害者を縛ったロープから被害者又は被告人のいずれとも異なる別人の汗垢が検出されており（弁41）、第三者による犯行の可能性がうかがわれると主張するが、ロープから被害者又は被告人のいずれとも異なる汗垢が検出されたということは、そのロープに被害者又は被告人のいずれとも異なる者が触れたことを示しているにすぎず、かかる事実をもってしても、被告人が犯人であるとの推認は妨げられない。

⑶　本件犯行を行った犯人の犯人像が被告人と一致しないこと

弁護人は、本件犯行を行った犯人について、本件景品買取所の内部事情を知る者である可能性が高く、同種犯行に手慣れているという指摘をし、その犯人像が被告人と一致しないとも主張するが、防犯カメラの映像や被害者の証言から認められる犯人の言動からは、必ずしも犯人が本件景品買取所の内部事情を知る者であるとか、同種犯行に手慣れているといった事情はうかがわれず、その主張は採用できない。

8　結論

以上認定したとおり、①被告人方から押収された本件上衣が犯人の着衣と同一であることは、被告人が犯人でないとすれば合理的に説明することができない事実であって、極めて強く被告人の犯人性を推認させる。かかる事実に加え、②防犯カメラ被告人車両の進行方向を西向きと断定した嘉数の公判供述部分も不合理に変遷したものといわざるを得ず、信用できない。

結局、被告人が本件犯行時刻ころ真希を上記勤務先に送っており、その際にXに会ったとの被告人の公判供述は信用することができず、被告人がXと会釈した事実があったとしても、その際、被告人運転車両が被告人方に向けて進行していた可能性があり、その時刻は上記のとおり幅のある時間帯であって、本件犯行現場と被告人方間の距離を考慮すれば、被告人による本件犯行の機会は否定し得ない。以上のとおり、アリバイに関するこの点の弁護人の主張は被告人の犯人性を否定する事情とはいえない。

7　犯人性の推認を妨げる間接事実の主張について

(1)　本件犯行現場の痕跡について

ア　弁護人は、防犯カメラの映像から犯人が素手で多くの物に触れていることが確認できるところ、被告人と一致する指掌紋が検出されていないこと（弁13ないし16）は、被告人の犯人性を否定する事実である旨主張する。

しかしながら、本件犯行に際し、帽子やマスクで顔を隠し、本件けん銃様のものやロープ等を準備した犯人が、素手で本件景品買取所内の多くの物に触れるようなことをするとはにわかに考えがたく、薄手の透明なゴム製手袋といった一見素手に見えるような手袋をしていた可能性は否定できない。また、犯人が素手で触れたとしても、手指や付着面の状態如何によっては、12箇所の特徴点を確認することができる対照可能な指掌紋が遺留されないことはままあり得るところ、被告人の手が多汗であったため、指掌紋が付きにくかった可能性がうかがえる（証人D、同Z、同U）。したがって、本件犯行の現場や遺留品から被告人と一致する指掌紋が検出されていないからといって、被告人の犯人性は否定されず、弁護人の主張は採用できない。

イ　次に、弁護人は、本件犯行の現場から犯人のものと思料される対照可能な足跡痕が採取されているところ（弁18、19）、な供述経過に照らすと、被告人が自宅出発後すぐに会釈した事実を述べる真希の公判供述の内容は不自然で疑わしい。さらに、同人の述べる勤務先到着時刻も眠っていたとして曖昧な上、真希の出勤簿には出勤時刻の記載はなく、妙子のスケジュール帳の記載も後に記入したことがうかがえ、出勤簿等の記載内容の真偽は、妙子及び真希のほか誰一人確認し得ないものであるほか、前記公判前の証人尋問では、真希は到着時刻に関し詳細に問われながら、当公判廷での供述と異なり、同所到着後被告人が知人に架電したとの到着時刻を裏付け得る重要な事実を全く述べていなかったことにも照らすと、勤務先到着時刻に関する同人の公判供述は的確な裏付けを欠くものである。したがって、アリバイ証言の核心部分である自宅出発時刻及び勤務先到着時刻に関する同人の供述部分はいずれも信用し難い。そして、真希の供述と一致する内容の被告人供述及び妙子の供述も信用できない。

他方で、Xは当公判廷で、被告人方付近において携帯電話で通話中に被告人運転車両と会った旨供述するところ、本件当日午前10時13分から約13分間の通話記録がある上、被告人ら親族と人的関係のないYも、偶然同所付近でXに会って話した旨証言していること等に照らすと、Xが被告人方付近で被告人運転車両に遭遇した事実は一概に否定できない。しかし、Xは、捜査段階では被告人車両の進行方向等は覚えていないと述べながら、当公判廷では、後でYに聞いて車両進行方向を思い出した旨述べ、同車両は被告人方とは逆方向の西向きに走行していたと述べて供述を変遷させている。確かに、Yは当公判廷で、西向きにシルバーの軽自動車が走行するのを目撃し、他に通行車両はなかった旨述べるが、同人が２年以上前の通行車両を逐一記憶していること自体些か不自然である上、その目撃した軽自動車のほかに、X証言によれば少なくとも同人運転車両も通行していたはずであることとも矛盾している。Yが目撃したとする車両を被告人車両と推定するのは早計に過ぎるのであって、認めて会釈したこと、同日午前11時前ころ上記勤務先に到着し、同日午前10時50分、同所で知人に架電したことなどを供述する。また、②真希も当公判廷において、午前10時10分から20分ころ、被告人運転のシルバーの軽自動車で自宅を出発し、体調不良のため助手席のシートを倒していたが、被告人が何者かに会釈するのを見たこと、午前11時前ころ勤務先に到着し、同所で被告人が架電していたことなどを供述している。さらに、③妙子も当公判廷において、同日午前11時ころ真希が勤務先に出勤してきたこと、同女が被告人に送ってもらったと述べていたことなどを供述し、勤務先の出勤簿（甲75）や妙子のスケジュール帳（弁22）にも同日の真希の出勤を示す記載がある。加えて、④Xも、同日午前10時13分から約13分間携帯電話で通話中、被告人方付近の路上で西向き（自宅とは逆方向）に走行する車両と出会い、運転席の被告人と会釈した旨証言している。

そこで検討するに、真希、妙子及びXはいずれも被告人の近親者であり、被告人に有利に証言する動機がうかがわれるところ、まず、被告人の完全なアリバイを述べる真希の公判供述についてみると、同人は本件犯行当日、体調不良で定刻に出勤できず、勤務先まで送るよう被告人に頼んだ旨述べながら、同日の婚約者とのメールに体調不良をうかがわせる内容は一切なく、むしろ、出勤前に前日に食べ残したチーズケーキを探し出し、被告人とともに食べたとも述べるなど、その供述内容は、体調不良を訴える者の行動として不自然である。また、真希は、自宅出発後間もなく被告人が誰かに会釈するのを見たとも述べるも、座席シートを倒した状態で被告人の会釈が見えたとする説明は不自然である上、真希は公判供述において、平成21年６月に家族で話し合うなどして本件事件当時の記憶を喚起したとしているが、その後の平成22年２月２日実施の公判前の証人尋問で、真希は被告人が会釈した事実を一切供述しておらず、むしろ、自宅出発後、座席シートを倒すまでの自宅付近を走行する様子を図示しながら具体的に供述しており、このような不自然支払った55万円を含め、本件犯行当日から同年５月末ころまでの間に少なくとも300万円を超える支出をしており、また、それまで頻繁に行われていた知人や親族からの借入れが本件犯行当日以降なされていない。このような被告人の本件犯行日前後の行動は、検察官主張のとおり、被告人の犯人性を裏付けるものといえる。

これに対し、弁護人は、被告人に返済等の原資があったと主張し、被告人も、従前より親族からの援助や借入れ等の一部を被告人方寝室クローゼット内に掛けていた背広の内ポケットに貯めており、その金額が平成21年３月31日当時で300万円を超えていた旨供述する。しかしながら、同日に近接する期間において、被告人が親族（赤嶺妙子）や知人（T・U・W）のみならず利息の高い消費者金融から借入れを継続していたことからすれば、その供述内容は不自然不合理というほかなく、到底信用することができない。また、弁護人は、被告人が本件犯行日以前にも支払をしたとか、本件犯行日以降に犯人として矛盾する行動を行っているといった主張もするが、本件犯行日以前の支払については、本件犯行日以降の支払に比較すると低額であるし、本件犯行日以降の行動については、端数を値切ったり、消費者金融から数千円を借入れたりしたというものであり、いずれも犯人として矛盾する行動とまではいえない。弁護人の主張はいずれも採用できない。

6　被告人のアリバイについて

弁護人は、本件犯行時刻ころ、被告人は那覇市安謝にある妻赤嶺妙子（以下「妙子」という。）の勤務先へ、長女赤嶺真希（以下「真希」という。）を車で送るため自宅を出発しており、被告人にはアリバイが成立する旨主張する。そして、アリバイの証拠として、まず、①被告人は当公判廷において、本件犯行当日、真希とチーズケーキを食べた後、体調不良の真希から勤務先へ送るよう頼まれ、同日午前10時過ぎころ自宅を出発し、その際、携帯電話で通話中である甥のX（以下「X」という。）を道路脇に

検察官は、被告人には犯行の動機があり、被告人の犯人性を裏付けると主張しているところ、関係証拠（甲55ないし59、65、70、証人S、同T、同U、同P、被告人質問）によれば、被告人が、平成21年３月31日以降、仕事をせず、愛人のUとパチンコをしたり、ゲーム喫茶の賭博に興じたりするなどして過ごしていたこと、本件犯行当日である同年４月16日時点において、被告人の負債が知人や消費者金融に対するものだけでも730万円を超えていたこと、被告人名義の銀行預金残高が合計９万9604円であったことなどが認められる。このような被告人の生活状況並びに資産及び負債の状況からすれば、被告人が本件犯行当時金銭的に困窮していたこと、すなわち、本件犯行に及ぶ動機があったとみることができ、かかる事実は、被告人が犯人であるとしても矛盾しない事情ということができる。

これに対し、弁護人は、被告人の生活状況並びに資産及び負債の状況について、高額な物件移転補償金等を得る予定であったことなどをるる指摘し、被告人には犯行に及ぶ動機がない旨主張するが、物件移転補償金等の支払は本件犯行当時になされていなかったのであって、その他指摘する諸点を含め、前記認定の生活状況並びに資産及び負債の状況から被告人に犯行動機があるとの前記判断を左右するような事情は存しない。

5　犯行日前後における被告人の行動（検察官主張⑤）について

検察官は、本件犯行日前後の被告人の行動は被告人の犯人性を裏付けると主張するところ、前記４のとおり、被告人は、平成21年３月31日以降、仕事をせず、パチンコ等に興じていたものであり、同日に親戚であるVから改装工事の代金75万円を受領（弁27。ただし、一部については既に受領済みであった（証人V、被告人質問）。）したほか、同年４月に支払が遅れていた有限会社オからの給料を受領した（被告人質問）ものの、それ以外に目立った収入は見受けられない。そうであるにもかかわらず、被告人は、本件犯行当日である平成21年４月16日にSに

証人Oは、銃器や画像解析を扱う科捜研の技術職員であり、また、本件空き箱に記載されたモデルガンと同型のモデルガン（甲34、82）を本件けん銃様のものと同一の場所・条件で撮影し、その画像と防犯カメラの映像を比較するという鑑定方法は合理的であって、O鑑定②は信用できるものである。この点、弁護人は、小川鑑定に基づき、本件空き箱に入っていたとされるモデルガンと本件けん銃様のものとは、銃身部とシリンダー部の長さの比率が異なる（モデルガン1.66対１、本件けん銃様のもの1.78対１）から、両者は形状が違うと主張するが、小川鑑定は異なる角度から見て求めた比率を比較しており、その鑑定手法は合理性を欠き、信用できないから、弁護人の主張も採用できない。

そうすると、検察官の主張する本件空き箱在中の中古モデルガンを被告人が購入したと認めるに足りる証拠がなく、本件空き箱に入っていた中古モデルガンが発見されていないとしても、本件けん銃様のものと矛盾しない程度に特徴が一致しているモデルガンの入れ物である本件空き箱が被告人の使用する軽四輪自動車から発見押収されたという事実は、本件空き箱に関する被告人の虚偽供述を併せ考えると、被告人の犯人性を一定程度推認させるものというべきである。

なお、弁護人は、本件空き箱について、押収後、特にトレー部分の形状が改変されたとか、Rが作成したとされるメモ書きが挿入されたとか、違法な操作が加えられた疑いが強いとして、関係証拠（甲17、52）の証拠排除を申し立てている。しかしながら、トレー部分の白化については、同部分の指掌紋採取過程でシアノアクリレート法を用いたことによるものであり（甲87、証人Z）、メモ書きについては、押収時から本件空き箱内に存在しており（甲17、証人G）、いずれの点についても証拠排除すべき違法がないことは明らかであって、証拠排除の申立てには理由がない。

4　犯行動機（検察官主張④）について

一致しているという基本的に信頼できる橋本鑑定を踏まえると、被告人の犯人性が一定程度推認されるというべきである。

3　本件けん銃様のものと本件空き箱（検察官主張③）について

検察官は、被告人が犯人の使用したけん銃様のものと形状特徴が類似するモデルガンを平成21年4月9日に購入したとし、被告人が本件空き箱に関し虚偽の弁解をしていることを併せ考えると、被告人が犯人であることが強く推認されると主張する。

まず、前記前提事実及び関係証拠（甲16、17、34、52ないし54、証人R）によれば、与那原警察署の警察官らは、平成21年6月13日、同月11日付けで那覇簡易裁判所裁判官が発付した捜索差押許可状に基づき、被告人の妻である赤嶺妙子の立会の下、被告人が使用する軽四輪自動車の助手席下から茶色の紙袋に入った「COLT PYTHON.357mag. 2.5inch」と記載された本件空き箱を発見押収したところ、本件空き箱は、エ店で同年4月9日に販売された中古モデルガンの入れ物であることが認められる。この点、本件空き箱について、被告人は、平成19年ころに本件景品買取所に隣接するパチンコ店の駐車場でゴミとして拾ったものである旨供述し、被告人の妻の証人赤嶺妙子もそれに沿う供述をするが、拾った時期が曖昧であるほか、拾った状況やその後の保管状況につき極めて不自然不合理な供述をしているばかりか、これらの供述内容は、手書きのメモ（甲52）、在庫管理用の番号シール（甲52）、レジのジャーナル（甲54）等客観証拠によって裏付けられ、高い信用性を有するエ店員の証人Rの供述と明らかに矛盾するものであり、虚偽供述といわざるを得ない。

そして、証人Oの供述及び同人ら作成に係る鑑定書（甲19、以下供述と併せて「O鑑定②」という。）において、本件空き箱に記載されたモデルガンは、防犯カメラに撮影された犯人が携帯していた本件けん銃様のものと同種のものとして矛盾がない程度に形状特徴が類似している旨の鑑定がされているところ、

形状係数（面積／最大長の二乗）が0.48であるのに対し、被告人の耳の形状係数が0.39であること、②犯人が身長160センチメートルと推定されるのに対し、被告人が身長156センチメートルであること、③犯人の肩幅が46センチメートルと推定されるのに対し、被告人の肩幅が36センチメートルであること、また、防犯カメラの映像（弁１）及び証人Qの供述を根拠に、④犯人の髪型が頭髪の伸びたパンチパーマであるのに対し、被告人の髪型が一、二センチメートルのスポーツ刈りであることなどを指摘し、犯人と被告人の特徴が異なり、別人であると主張する。

しかしながら、証人小川は、地形測量関係の専門家であって、画像による異同識別鑑定の経験は極めて乏しく、鑑定人としての適格性に疑問がある上、その鑑定の手法には非合理的な点が散見され、小川鑑定の信用性は総じて乏しいものといわざるを得ない。すなわち、①耳の形状係数については、犯人の耳の形状係数を算出するに当たって使用したシルエットの抽出に恣意的なところがうかがえるのであり、算出された数値自体に疑義がある。また、②身長や③肩幅については、これらを算定する前提とされた犯人や被害者の頭部の XY 座標自体に信ぴょう性がないこと、広角レンズの歪みを無視して防犯カメラの映像上を計測した数値も用いていることといった看過し難い問題がある（なお、弁護人は、これらの点を斟酌しても犯人の身長に係る測定誤差は前後１センチメートルであると主張するが、その根拠は明らかでない。）。さらに、④髪型に関する主張については、そもそも防犯カメラの映像から犯人の髪型が頭髪の伸びたパンチパーマであるとは断定できない上、証人Qが平成21年３月半ばに被告人を散髪したと供述している点は、同証人が普段一、二か月毎に被告人を散髪しているとも供述していることなどに照らすと信用することができない。したがって、犯人と被告人の特徴から別人であるとする弁護人の主張は採用できない。

以上のように防犯カメラに映る犯人と被告人の外見的特徴が

と国際的にも認められている耳の形状、さらに体格や男性としては低身長であるなどの特徴が、両者で全く矛盾なく一致、あるいは酷似しているという所見と、両者を別人とみなければならないような説明のできない明らかな相違が認められなかったという所見を併せ考えれば、防犯カメラに映る検査対象人物は、別のパチンコ店で撮影された被告人と同一人の可能性が極めて高いと判断するものである。証人橋本は、法人類学の専門家・大学教授で画像による異同識別鑑定の経験が豊富であり、両画像の撮影方向等の撮影条件が異なることを前提に、多数の画像を抽出し、比較対照して同一性を判断しており、その鑑定手法は合理的なものであって、基本的に信頼できるものといえる。ただし、橋本鑑定が検査対象とする防犯カメラの画像は鮮明度が比較的悪く、検査対象人物がマスクをしていたため顔面の観察できる特徴部位が少ないという事情があり、鮮明化処理を行ったとしても限界があるのであって、画像の比較対照による同一性判断においては慎重な判断が必要と思われる。そうすると、検査対象人物と被告人が同一人の可能性が高いとする限度で橋本鑑定を支持するのが相当である。

また、証人Oの供述及び同人ら作成に係る鑑定書（甲35、以下供述と併せて「O鑑定①」という。）は、防犯カメラの映像が広角レンズにより歪んでいることの影響を受けない現場合わせ法を用い、犯人の身長を156センチメートル前後と鑑定しているところ、犯人の立っていた場所や姿勢は、鮮明度が比較的悪い防犯カメラの映像と照らし合わせながら再現されたものであることからすると、O鑑定①をもって、犯人の身長が156センチメートル前後であるとまでは断定できないが、低身長をいう橋本鑑定を裏付けるものであるということができる。その他検察官が指摘する被害者や証人Pらの供述のうち防犯カメラに映る犯人と被告人が似ている旨述べている部分についても、橋本鑑定を裏付けるものである。

これに対し、弁護人は、小川鑑定に依拠して、①犯人の耳の件赤色付着物が口紅であれば６つ以上のピークが検出されるはずであるなどとも供述するが、被害者提出に係る口紅の差スペクトルを見ると、ピークが１つしか現れていないのであって、その供述を信用することができない（仮にピークが重なっているために１つしか現れていないとすれば、本件赤色付着物の差スペクトルについても同様の重なり合いが生じている可能性があるから、いずれにしても本件赤色付着物が口紅であることを否定する合理的根拠は失われる。）。また、口紅であっても唾液等と混じって繊維に浸潤することは十分に考えられる。さらに、本件上衣の胸や腕の部分及び他の作業着（弁62）に認められる赤色付着物については、その形状や色調・発色程度等から、本件赤色付着物と異なる物質であることが肉眼でも優に明らかであって、この点に関する弁護人の指摘も妥当でない。したがって、弁護人の前記主張は採用できない。

⑷　小括

以上のとおりであり、本件上衣と犯人の着衣とは、その特徴からして、同型のものである可能性が極めて高いこと、また、本件上衣の右袖口部から本件犯行時以外に付着する機会がない被害者の唾液が検出され、その唾液の DNA 型鑑定は信頼性十分なものであること、さらに、本件上衣に被害者の使用する口紅である可能性が相当程度に高い本件赤色付着物が付着していたことからすれば、被告人方から押収された本件上衣と犯人の着衣が同一であることが認められ、本件上衣を第三者が使用したとうかがわせる事情がない以上（被告人質問）、被告人の犯人性が極めて強く推認されるというべきである。

２　防犯カメラに映る犯人と被告人の外見的特徴（検察官主張②）について

検察官は、主として橋本鑑定に基づいて、防犯カメラに映る犯人と被告人は同一人の可能性が極めて高いと主張する。そこで、橋本鑑定につき検討するに、同鑑定は、本人に固有性の高い頭髪の生え際、指紋と同様に個人識別には極めて有効である検察官は、証人鈴木真一の供述及び同人作成の鑑定書（甲15、以下供述と併せて「鈴木鑑定」という。）に基づき、本件赤色付着物には被害者が当時使用していた口紅が含まれていた可能性があると主張する。証人鈴木は、科学警察研究所において、微物鑑定を担当している専門家であるところ、その鑑定手法は合理的なものといえ、その信頼できる鈴木鑑定によると、本件赤色付着物には、被害者が任意提出した２種類の口紅のうち、鑑定可能であった１種類を含有する可能性があると認められる。そして、本件赤色付着物は、口唇様の形状をしている上、犯人の右手首辺りが被害者の口に触れたことと整合する位置及び向きをしていること（甲29）、前記(2)のとおり、本件赤色付着物の内側から被害者の唾液が検出されていることを考慮すると、本件赤色付着物が被害者の使用する口紅である可能性は相当程度に高いものと認められる。

これに対し、弁護人は、小川鑑定等を根拠に、本件赤色付着物の顕微分光差スペクトルや本件赤色付着物が繊維に浸潤していること、本件上衣の胸や腕の部分及び他の作業着にも赤色の付着物が認められることなどを指摘し、本件赤色付着物が被害者使用に係る口紅ではなく、単一物質で構成される赤色塗料であることが明らかである旨主張する。

しかしながら、本件赤色付着物の顕微分光差スペクトルは、あくまで本件赤色付着物が付着している単繊維のスペクトルから、付着していない単繊維のスペクトルを引き去った差スペクトルであり、そこで求められた差スペクトルは、スペクトルの引き去りが完全ではない、すなわち、バックグラウンドである単繊維の影響を受けている可能性がある（甲15、証人鈴木真一）。そうすると、本件赤色付着物の差スペクトルにおける２つのピークが吸収量（Intensity）軸において近似しているからといって、直ちに本件赤色付着物が単一物質であるということはできない。この点に関し、証人小川は、口紅であれば複雑な色彩を出すために６種類以上の物質が混ぜられているから、本はない（証人N）。また、②本件上衣の右袖口部は、被害者の証言や防犯カメラの映像、本件赤色付着物の形状等からして、被害者の唾液が検出されて然るべき状況であるのに対し、それ以外の部分については、被害者の唾液が検出されないことが特段不自然といえる状況にはない。さらに、③証拠（甲12、弁41）によれば、本件上衣に付着した繊維片は、現場に遺留されたロープの繊維と異同識別されているにすぎず、被害者の着衣とは対照された形跡がないのであって、その主張は正当とはいえない。弁護人の主張はいずれも採用できない。

なお、弁護人は、警察官が本件上衣に被害者の唾液を付着させた可能性が高いとして、関係証拠（甲12、28）の証拠排除を申し立てているが、そのような事実が認められないことは前記のとおりであり、証拠排除すべき違法がないことは明らかであって、証拠排除の申立てには理由がない。

エ　以上のとおり、本件上衣の右袖口部に付着した被害者の唾液が押収後に付着されたものとは認められない。そして、関係証拠（甲61、証人B、被告人質問）によれば、被害者と被告人とは従前から面識がなく、被告人が本件景品買取所を利用していたとしても、その構造上被害者の唾液が被告人の着衣に付着する可能性がないことが認められるとともに、被害者の証言及び防犯カメラの映像（カメラ５の10:06:19から10:06:25）によれば、犯人が被害者の背後から顔面付近に右腕を回した際、犯人の右手首辺りが被害者の口に触れたことが認められるのであって、本件上衣の右袖口部に被害者の唾液が付着する機会は、本件犯行時以外にはなかったというべきである。そうすると、被害者と同じ DNA 型が出現する頻度は１垓3864京6798兆1680億9500万人に１人であること（甲28）からすれば、検察官の主張のとおり、犯人の着衣と本件上衣は同一の物であるというべきである。

⑶　本件赤色付着物と被害者の使用する口紅との異同について

査結果の解釈・判断も正しく行われていることが認められ、被害者の口腔内細胞と本件上衣から検出された唾液のDNA型が一致するとしたDNA型鑑定は信頼性十分なものというべきである。

これに対し、弁護人は、押収後の本件上衣に警察官あるいは科捜研技術職員により被害者の唾液が付着させられた旨主張するところ、前記の経過に照らすと、被害者の唾液を本件上衣に付着することが可能な状況としては、被害者の口腔内細胞を採取したアプリケーターチップが保管されていた科捜研に本件上衣が持ち込まれた平成21年6月12日夕方（前記イ(ウ)）が最も想定されるが、それを行うには関係警察官と科捜研技術職員との共同が必要であって、当時の捜査状況からして同人らがかかる行為をする動機は見当たらず、そのような行為の形跡も全く認められないことからすると、弁護人の主張は何ら根拠がない抽象的な可能性を指摘するものといわざるを得ない。

また、弁護人は、①本件上衣につき、クローゼットに収納する前に洗濯し（証人赤嶺妙子、被告人質問)、また、本件犯行時から押収されるまでに2か月近くが経過していることから、完全な形で唾液が検出されるのは不自然であること、②犯人が左腕でも被害者の顔面を押さえているのに、右袖口部以外からは被害者の唾液が検出されていないのは不自然であること、③被害者と犯人が激しく接触しているにもかかわらず、本件上衣から被害者の着衣に一致する繊維が一切検出されていないのは不自然であることなども主張する。しかしながら、①本件上衣の汚れ具合（甲29）や本件上衣の全体から複数人に由来すると考えられる汗垢が検出されていること（甲12）からすれば、本件上衣が洗濯されていたとは考え難く、これに反する証人赤嶺妙子や被告人の供述を信用することはできないから、洗濯されていたという前提自体を採用できない。そして、本件上衣が洗濯されていないのであれば、唾液の安定性からして、2か月が経過した後に15座位の全てで型が検出されたとしても不自然で

付着物を確認できたことから、その内側を蒸留水で濡らした綿棒で拭い、唾液アミラーゼ検査及びDNA型鑑定に使用する試料を採取した。

Jは、同日、前記綿棒を用い、ブルースターチ法による唾液アミラーゼ検査を行い、陽性反応を確認した後、前記綿棒をLに引き継いだ。

Lは、同日以降、前記綿棒の綿球を切り取ってDNA型鑑定を行い、その結果、本件上衣の右袖口部に付着していた唾液のDNA型が被害者の口腔内細胞と15座位及びアメロゲニン型のすべてで一致するとの鑑定結果を得た。なお、本件上衣に関する前記一連の鑑定と同時に、本件上衣に汗垢や繊維片が付着しているかといった鑑定も行われており、同月26日にすべての検査が終了した。以上の検査は、いずれもマスク・手袋着用の上で行われた。これらの検査結果に基づき、Lらは、同年7月13日、鑑定書（甲12）を作成した。

㈵ 本件上衣は、同年8月10日、科捜研から与那原警察署に戻され、以降、同署証拠品保管庫内に保管されていた。

ウ　以上の認定は、主に関係警察官及び科捜研技術職員らの供述によるところ、同人らの各供述はいずれも自らが行った職務行為につき具体的かつ詳細に述べたものであり、その内容に不自然不合理な点は見当たらない上、同人らが偽証という罪を犯してまで敢えて被告人を犯人に陥れようとする動機は認められないことから、いずれの供述も信用性の高いものといえる。そして、前記認定事実によれば、病院での被害者の口腔内細胞の採取や被告人方での本件上衣の捜索差押手続、これらの科捜研への運搬、科捜研における保管において特段の問題点は見当たらず、いずれの警察官及び科捜研技術職員も鑑定目的対象以外のDNAの混入汚染（コンタミネーション）に細心の注意を払ってその職務を行っていたこと、DNA型鑑定の実施においては、専門的知識と豊富な経験を有する技術職員によって学問的にも正当性が確立された検査手法により履践されており、検

キーボックスは、業務時間外のみ施錠されている状況であった。

(オ) 前記 FTA カード１枚及び同アプリケーターチップ１本は、同日、科捜研から与那原警察署に戻され、以降、同署証拠品保管庫内に保管されていた。

イ 本件上衣の押収、保管、DNA 型鑑定の状況等について

前記前提事実及び関係証拠（甲12、14、29、49、68、69、85、証人F、同L、同M、同J）によれば、本件上衣の押収、保管、DNA 型鑑定の状況等は、概ね、以下のとおりと認められる。

(ア) 与那原警察署勤務の警察官であるFらは、平成21年６月11日、同日付けで那覇簡易裁判所裁判官が発付した捜索差押許可状に基づき、被告人の妻赤嶺妙子ら立会の下、被告人方の捜索を実施し、被告人方１階寝室クローゼット内から本件上衣を押収して、チャック付きビニール袋に密封の上、与那原警察署証拠品保管庫内に保管した。

(イ) Fらは、翌12日、マスク・手袋着用の上、与那原警察署証拠品保管庫から本件上衣を取出し、写真撮影を実施し、その際、本件上衣の右袖口部に口唇様の形状をした本件赤色付着物を発見した。

(ウ) Fは、同日夕方、本件上衣を科捜研に持ち込み、科捜研の技術職員であるLに渡した。Lは、科捜研法医実験室において、マスク・手袋着用の上、Fから離れた位置でチャック付きビニール袋から本件上衣を取り出して見分し、その際、Fから本件赤色付着物の鑑定を優先してほしい旨依頼されたが、同時点において、対照する口紅がなかったため、化学検査を行うことができなかった（なお、被害者が使用していた口紅の任意提出は翌13日のことである。）。そのため、本件上衣は、再度チャック付きビニール袋に密封の上、科捜研の鑑定資料保管室スチール棚に保管された。

(エ) 科捜研の技術職員であるMは、土日を挟んだ後の同月15日、本件上衣の外観検査を開始したところ、Lから聞いていたとおり、本件上衣の右袖口部に口唇様の形状をした本件赤色

月16日、被害者が搬送された琉球大学医学部附属病院において、マスク・手袋着用の上、アプリケーターチップ１本を用いて、被害者の口腔内細胞を採取し、同口腔内細胞をFTAマイクロカード（以下「FTAカード」という。）１枚に転写、密封し、そのアプリケーターチップ１本及びFTAカード１枚をそれぞれチャック付きビニール袋に入れ、更にこれらをまとめて大きな袋に入れた。なお、ほかに被害者の口腔内細胞が採取された事実はない。

(イ)　沖縄県警察本部刑事部鑑識課の警察官であるIは、同日、同病院において、Dから、前記FTAカード１枚及び同アプリケーターチップ１本が入った前記袋を被害者の10指から採取した爪や被害者の着衣とともに受領して、これらを沖縄県警察本部科学捜査研究所（以下「科捜研」という。）に持参し、科捜研の技術職員であるJに渡した。

Jは、その直後、科捜研の技術職員であるKに対し、手渡し又は資料室内の保管庫に保管するかのいずれかの方法により、前記FTAカード１枚及び同アプリケーターチップ１本を引き継いだ（なお、弁護人は、被害者の口腔内細胞を採取したアプリケーターチップ１本がFTAカード１枚と一緒に保管されていたことを示す証拠がないと指摘するが、Kら作成に係る平成21年６月29日付け鑑定書（甲13）において、鑑定試料がFTAカードとアプリケーターチップのセットであると明記されており、弁護人の前記指摘は正当でない。）。

(ウ)　Kは、同年４月16日、クリーンルームにおいて、マスク・手袋着用の上、前記FTAカード１枚及び同アプリケーターチップ１本を鑑定試料としたDNA型鑑定等に着手し、同月23日までに鑑定作業を終えて、同年６月29日、鑑定書（甲13）を作成した。

(エ)　前記FTAカード１枚及び同アプリケーターチップ１本は、同年４月16日から同年６月29日までの間、科捜研資料室内の保管庫に保管されていた。なお、科捜研において、保管庫やしているが、被写体の色は撮影条件による影響を受けるものであり（甲83）、写真によっては実物より白く映ることがある(甲49、85）ほか、防犯カメラの映像（カメラ５の10:06:18から10:09:46）においても、本件景品買取所出入口前に置かれたバケツに被せられた雑巾様のものが犯人の着衣よりも白く映っていることからすると、犯人の着衣の実物が防犯カメラの映像で見るほど白くない可能性が高く、両者の色が相違しているということはできない。また、素材についても、小川鑑定では、犯人の着衣にしわが目立つことなどから剛性に乏しい薄地のナイロン製であるとするが、証人小川は、布地に関する専門家ではない上、防犯カメラの映像からは犯人の着衣にできたしわの程度が判然とせず、防犯カメラの映像から素材まで断定する小川鑑定を信用することはできない。弁護人の主張は採用できない。

⑵　本件上衣の右袖口部に付着した被害者の唾液について

検察官は、被告人方から押収した本件上衣の右袖口部には、口唇形の赤色付着物（以下「本件赤色付着物」という。）が見られ、鑑定の結果、その内側から被害者の口腔内細胞とDNA型が一致する唾液が検出された（甲12、13）として、犯人の着衣と被告人方から押収した本件上衣は同一のものであると非常に強く推認されると主張する。これに対し、弁護人は、本件上衣の右袖口部に付着した被害者の唾液は、押収後に本件上衣に付着したものであると主張して、検察官の主張を争っている。そこで、前記鑑定の試料の採取、保管及び鑑定の具体的経過について検討する。

ア　被害者の口腔内細胞の採取、保管、DNA型鑑定の状況等について

前記前提事実及び関係証拠（甲13、67ないし69、72ないし74、証人B、同F、同D、同E、同I、同J、同K）によれば、被害者の口腔内細胞の採取、保管、DNA型鑑定の状況等は、概ね、以下のとおりと認められる。

㋐　与那原警察署の警察官であるD及びEは、平成21年４

に映った犯人の着衣は、被告人方から押収された本件上衣と同じ型である可能性が非常に高いと主張する。そこで、橋本鑑定をみるに、同鑑定は、犯人の着衣と本件上衣の比較に関する所見として、いずれも色調は白であり、矛盾はなく、形状についても、背部には正中部の襟の直下に逆三角形状の横しわが観察されること（カメラ５の映像のうち、右下の時刻表示10:07:58から10:08:56（以下「カメラ５の10:07:58から10:08:56」というように表記する。）、カメラ５の10:09:24から10:09:48等）、下端が上下にヒダ状になっていること（カメラ５全般）、袖口に切れ込みが入っていること（カメラ５の10:09:32）、前方下端にボタンが付けられていること（カメラ５の10:07:59）、襟の先端が三角形状をしていること（カメラ３の10:10:54から10:11:00）がいずれにも観察され、同じ型のものである可能性が非常に高いとするところ、証人橋本は、画像による異同識別鑑定の経験が豊富であり、色調、裾、袖口、ボタン、襟といった特徴を比較する手法は合理的であって信頼できる。同鑑定のほか、防犯カメラの映像から、犯人の着衣には、上腕部分のボタンとタグ状の装飾（カメラ５全般）や前チャックを隠す布地が付けられていること（カメラ５の10:07:00から10:07:10）など本件上衣と一致する個性的な特徴も見てとれる。以上のような特徴のすべてに一致する衣服が同型のもののほかにも存するとは考えがたく、その反面、両者の間に明確な相違点を見つけることができないことからすると、犯人の着衣と本件上衣とは同型のものである可能性が極めて高いと認められる。

これに対し、弁護人は、証人小川進の供述及び同人作成の鑑定書（弁54、以下供述と併せて「小川鑑定」という。）を根拠として、犯人の着衣が白色の合繊、薄地のナイロン製であるのに対し、本件上衣はベージュがかった色をした麻とポリエステルの混紡であり、両者が色や素材で異なる旨主張する。しかしながら、証人小川は、地形測量関係の専門家であって鑑定人としての適格性に疑問がある上、本件上衣はベージュがかった色を

⑵　警察官らは、沖縄県豊見城市所在のウ店にてパチンコ遊技中の被告人の容姿が防犯カメラに映る犯人と酷似しているなどとして、平成21年5月15日から同年6月4日ころまでの間、本件犯行の容疑者として被告人の行動確認を行うなどした。そして、警察官らは、同月10日、被告人に対し、与那原警察署への任意同行を求め、その取調べを行い、同月11日午前零時45分、被告人を逮捕した。

⑶　警察官らは、同月11日、被告人方の捜索を実施し、被告人方1階寝室クローゼット内から長袖上衣（以下「本件上衣」という。）を押収した。

⑷　警察官らは、同月13日、被告人が使用する軽四輪自動車の捜索を実施し、茶色の紙袋に入った「COLT PYTHON. 357mag. 2.5inch」と記載されたモデルガンの空き箱（以下「本件空き箱」という。）を同車助手席下から発見し、押収した。

⑸　被告人は、同年7月2日、処分保留で釈放されたが、平成22年2月17日、起訴された。

第3　争点についての判断

検察官は、①犯人が着ていた長袖上衣（以下「犯人の着衣」という。）が被告人方から押収されたこと、②防犯カメラに映る犯人と被告人が同一人である可能性が極めて高いこと、③被告人が本件けん銃様のものと形状特徴が類似するモデルガンを平成21年4月9日に購入したことからすれば、被告人が犯人であることは明らかであり、その他④被告人に犯行の動機があることや⑤本件犯行日前後における被告人の行動が犯人であることと整合することなどの事実も認められると主張するので、以下検討する。

1　犯人の着衣と本件上衣との同一性（検察官主張①）について

⑴　犯人の着衣と本件上衣の比較について

検察官は、証人橋本正次の供述及び同人作成の鑑定書（甲20、以下供述と併せて「橋本鑑定」という。）に基づき、防犯カメラ

開けろ」の意)。」と申し向けて鉄製の門を開けて侵入してきた。犯人は、同所において、被害者の背後から、その顔面付近に右腕を回し、本件景品買取所の出入口ドアを開けるよう迫るなどした後、本件景品買取所内に入るとともに、被害者を同所内に引きずり込んだ。

⑵　犯人は、被害者に対し、本件景品買取所内に設置された金庫(以下「本件金庫」という。)を開けるよう命じたが、被害者が時間稼ぎをしたり、時間にならないと開かないなどと答えたため、「ヘーク、ヘーク(「早く、早く」の意)。」、「ユクシー(「嘘つき」の意)。」と言ったり、更には被害者の家族に危害を加えるような発言をしたりして脅迫し、被害者に本件金庫を開けさせた。犯人は、本件金庫から現金600万円を取り出した後、被害者の口をクラフトテープでふさぎ、更に被害者の両手首を後ろ手にしてロープで縛り、同日午前10時21分ころに逃走した(なお、弁護人は、被害額を争うが、証拠(証人C、甲51)によれば、本件犯行前日の閉店時、本件金庫に1万円札643枚が存在したこと、本件景品買取所を経営する有限会社イの専務であるCが本件犯行後に確認したところ、本件金庫に1万円札43枚が残っていたことなどが認められ、犯人が奪った現金が600万円であると認定できる。)。

⑶　本件犯行の状況は、本件景品買取所の内外に設置された3台の防犯カメラ(以下「防犯カメラ」という。)に撮影されていた。

2　本件犯行後の捜査状況等

関係証拠(甲5、9、16、29、41ないし43、52、67、85、88、証人D、同E、同F、同FG、同H、被告人質問)によれば、本件犯行後の捜査状況等は、概ね、以下のとおりと認められる。

⑴　犯人逃走直後、被害者の110番通報により、ほどなく沖縄県警察本部及び与那原警察署勤務の警察官らが本件景品買取所に臨場し、被害者を琉球大学医学部附属病院に搬送して治療を受けさせるとともに、被害者の口腔内細胞等を採取した。

分ころ、沖縄県島尻郡（略）番地のア店敷地内の有限会社イ代表取締役Aが看守する景品買取所に従業員通用口から侵入した上、そのころから同日午前10時21分ころまでの間、同所において、前記景品買取所従業員B（当時54歳）に対し、回転弾倉式けん銃様のもの１丁を突き付けながら、「アキレー、アキレー（「開けろ、開けろ」の意）。」、「ヘーク、ヘーク（「早く、早く」の意）。」などと申し向けて脅迫するとともに、所携のクラフトテープで同人の口をふさぎ、さらに、所携のロープで同人の両手首を後ろ手に縛るなどの暴行を加え、その反抗を抑圧して同人管理に係る現金600万円を強取し、その際、前記暴行により、同人に対し、全治約10日間を要する左前腕打撲擦過傷、左第１指第２指擦過傷等の傷害を負わせたものである。

（証拠の標目）（略）

（事実認定の補足説明）

第１　争点

被告人は、本件犯行を行っていないと供述し、弁護人も被告人の無罪を主張しており、被告人と本件犯行との結び付き、すなわち、被告人の犯人性が本件の争点である。

第２　前提事実

１　本件犯行の状況

関係証拠（甲４、５、６、９、51、84、88、証人B、同C）によれば、本件犯行の状況は、概ね、以下のとおりと認められる。

⑴　B（以下「被害者」という。）は、沖縄県島尻郡（略）所在のパチンコ店であるア店敷地内にある景品買取所（以下「本件景品買取所」という。）の従業員であるが、平成21年４月16日午前10時８分ころ、従業員通用口に設置された鉄製の門を解錠して本件景品買取所出入口前の鉄柵に囲まれた部分に入ったところ、マスクや帽子を着用して顔を隠した犯人が、被害者に対し、右手に持った回転弾倉式けん銃様のもの（以下「本件けん銃様のもの」という。）を向けながら、「アキレー、アキレー（「開けろ、

●資料

南風原事件第１審判決文（全文）

＊ 本書に実名で出てくる人物以外は匿名化してあります。

建造物侵入、強盗致傷被告事件
那覇地方裁判所平成22年㈹第47号
平成23年９月16日刑事第１部判決

判　　決

本籍　略
住居　略
職業　会社員

赤　嶺　　武
昭和34年４月15日生

上記の者に対する建造物侵入、強盗致傷被告事件について、当裁判所は、検察官堤正明、同橋口英明、同濱田武文、同杉山太郎、私選弁護人岡島実（主任）、同儀部和歌子、同稲山聖哲各出席の上審理し、次のとおり判決する。

主　　文

被告人を懲役８年に処する。
訴訟費用は被告人の負担とする。

理　　由

（罪となるべき事実）
被告人は、金員強取の目的で、平成21年４月16日午前10時８

◎編著者プロフィール

木谷　明　弁護士・元東京高裁判事
きたに・あきら。1937年生まれ。司法研修所第15期修了。1963年判事補任官（東京地裁）後、最高裁刑事局、東京地裁、名古屋地裁・高裁、最高裁調査官、大阪高裁、浦和地裁、東京高裁などを経て退官。主な著作に、『刑事裁判の心――事実認定適正化の方策』（法律文化社、2004年）、『事実認定の適正化――続・刑事裁判の心』（同、2005年）、『刑事事実認定の理想と現実』（同、2009年）、『刑事裁判のいのち』（同、2013年）などがある。

佐藤博史　弁護士
さとう・ひろし。1948年生まれ。司法研修所第26期修了。1974年、弁護士登録（第二東京弁護士会）。主な担当事件として、榎井村事件（再審無罪）、足利事件（無罪）、横浜事件（再審免訴）、ＰＣ遠隔操作事件（１審係属中）、大崎事件（再審請求係属中）、恵庭ＯＬ殺人事件（再審請求係属中）などがある。主な著作に、『刑事弁護の技術と倫理――刑事弁護の心・技・体』（有斐閣、2007年）、『訊問の罠――足利事件の真実』（共著、角川書店、2009年）などがある。

岡島　実　弁護士
おかじま・みのる。1964年生まれ。司法研修所第54期修了。2001年、弁護士登録（沖縄弁護士会）。主な著作に『裁判員制度とは何か』（生活書院、2009年）などがある。

●本書のデータを提供いたします。

本書をご購入いただいた方のうち、視覚障害、肢体不自由などの理由で書字へのアクセスが困難な方に本書のデータを提供いたします。希望される方は、以下の方法にしたがってお申し込みください。

◎データの提供形式はPDFで、CD-ROMの送付です。一部機種によっては対応できないこともあります。あらかじめご了承ください。
◎下の引換券（コピー不可）を添付し、お名前（ふりがな）・郵便番号・ご住所・お電話番号を明記した用紙、および切手500円分を同封のうえ弊社までお送りください。
◎本書内容の複製は、点訳・音読データなど視覚障害の方のための利用に限り認めます。内容の改変や流用、転載、その他営利を目的とした利用はお断りします。

◎宛先　〒160-0004　東京都新宿区四谷2-10　ハッ橋ビル7階
現代人文社編集部　電話03-5379-0307（担当：成澤）

南風原事件《はえばるじけん》
DNA鑑定《かんてい》と新《あたら》しい冤罪《えんざい》

2013年11月10日　第1版第1刷発行
2014年1月20日　第1版第2刷発行

編著者　木谷明・佐藤博史・岡島実
発行人　成澤壽信
発行所　株式会社 現代人文社
〒160-0004 東京都新宿区四谷2-10ハッ橋ビル7階
振　替　00130-3-52366
電　話　03-5379-0307（代表）
FAX　03-5379-5388
E-Mail henshu@genjin.jp（代表）/ hanbai@genjin.jp（販売）
Web http://www.genjin.jp
発売所　株式会社 大学図書
印刷所　株式会社 ミツワ
装　幀　カバー／Malp Design（宮崎萌美）
目次・部扉デザイン／Malp Design（佐野佳子）

検印省略　PRINTED IN JAPAN　ISBN978-4-87798-563-9 C3032

キリトリ線

【引換券】
南風原事件
DNA鑑定と新しい冤罪